為什麼優秀的人都有科學腦？

從邏輯思辨到自我成長，55種教你突破盲點的科學基本功

빌 게이츠는 왜 과학책을 읽을까

劉廷植 유정식——著
游芯歆——譯

前言

為什麼頂尖企業家想擁有科學洞察力和思考力？

微軟創辦人比爾・蓋茲（Bill Gates）是出了名的愛書人，他在一年中固定安排兩次為期一週的「思考週」。在這一週裡，他會住進別墅，什麼都不做，只專心讀書和思考，創想新事業。從二〇一〇年開始，他將自己讀過、銘感在心的書公諸於世。只要是出現在他推薦書單上的書籍，瞬間成為暢銷書，對出版界和讀者的莫大影響力可見一斑。

觀察他的推薦書單，幾乎涵蓋了政治、經濟、社會、歷史等所有領域。有趣的是，企業家出身的蓋茲竟然推薦了不少科學相關書籍，具代表性的有：《基因：人類最親密的歷史》（*The Gene:An Intimate History*）、《解事者：複雜的事物我簡單說明白》（*Thing Explainer*）、《費曼物理學講義》（*The Feynman Lectures on Physics*）、《疫苗百科》（*The Vaccine Book*）、《第六次大滅絕：不自然的歷史》（*The Sixth Extinction: An Unnatural History*）[1]，純粹與企管相關的書籍反而屈指可數。

臉書創辦人兼執行長馬克・祖克柏（Mark Zuckerberg）也以嗜讀《疫苗：兩種恐懼的拔河》（*On Immunity*）、《科學革命的結構》（*The Structure of Scientific Revolutions*）、《23對染色體：解讀創生奧祕的生命之書》（*Genome: The Autobiography of a Species In 23 Chapters*）等科學書聞名於世。[2]

比爾・蓋茲和祖克柏為什麼讀科學書呢？就我的經驗來說，在聽人說明經濟與政治的複雜角力關係時，企業領導者大多能毫無違和感地接受其中所夾雜的專業術語，但一般人對待科學的態度卻非如此。以前只要我提起曾寫過一本名為《經營，問道於科學》的書時，大多數的人都自動聚焦在「科學」這個名詞上，一聽就皺起眉頭說：「這書很難吧！」有些人甚至會勸我，這書賣得沒預期好，就壞在書名有「科學」這兩個字。

人們普遍認為，經濟和政治是現代人必須具備的基本知識；但科學則和自我啟發或企業經營毫無關係，屬於科學家該思考的領域。對於提到「科學」就認為「這可以當錢花？可以當飯吃嗎？」的企業領導者來說，比爾・蓋茲和祖克柏所推薦的科學書單就是一針見血的忠告。

卓越的領導者之所以愛讀科學書，是因為科學如同經濟與政治，和我們的生活有密切關聯。看看我們的四周，我們所使用的物品當中，幾乎所有東西都是科學思考與實驗下的產物。就連我們手上的這本書，仔細追究的話，紙張生產、油墨製造、印刷過程等等，也全都是科學和工業的產物。

所以科學對我們來說，真的是「可以當飯吃」的首要學問。近來備受關注的人工智慧（AI）、大數據（Big Data）、區塊鏈（blockchain）等第四次工業革命的寵兒，若沒有以數千年來所累積的科學與工業知識為基礎，是不可能誕生的。

認為「科學與我事業無關」的領導者，或許能以特斯拉汽車首席執行長伊隆・馬斯克（Elon Musk）的故事作為啟發，重新反省自己的想法。被視為積極向上的夢想家，馬斯克為了尋求事業上的創意，甚至是實踐的方法，大量閱讀相對專業的科學書籍。他在剛成立SpaceX（譯註：太空探索技術公司，馬斯克所創辦的一家民營航太製造商和太空運輸公司）的時候，還是個只會設計電腦程式，對火箭科學一竅不通的經營者。

馬斯克從英國科學家戈登（James E. Gordon）所寫的《結構是什麼？》

（*Structures:Or Why Things Don't Fall Down*）這本書學到了結構設計的基礎，為了熟悉火箭發射的原理，他甚至涉獵化學家克拉克（John D. Clark）所寫的《點火！：液體火箭推進劑野史》（*Ignition!:An Informal History of Liquid Rocket Propellants*）這本書。令人驚訝的是，他不僅從這些書裡得到了幫助，在身為SpaceX執行長的同時，也擔任首席設計師，發揮了自己的力量。[3]

我寫這本書的目的，是要讓企業領導者知道，科學絕非是游離在日常生活之外、自成一格的學問，而是可以像閱讀小說一般生動有趣，因此採用了簡潔的敘述結構，在上下班途中也能輕鬆閱讀。由於我的職業是企管顧問，總覺得自己有很強的義務感，不僅要傳達事實，還要將其對個人和組織帶來的啟示、適用於什麼情況等等告訴讀者。在各章末尾，我簡單地提及作為個人、作為組織成員或企業領導者時，該如何接受和利用科學事實的啟示，希望這本書能讓與生活有密切相關的科學，成為讀者日常生活中會經常使用的工具。

我的前作《經營，問道於科學》，主要是以對科學帶有某種程度興趣的讀者為對象，而這本書則採取就算對科學一竅不通的讀者也能消化的方式書寫。按順序閱讀下來也好，看目錄挑選自己有興趣的章節先讀也沒關係。

由於這本書不是科學專業人士寫的，因此對內容想更深度理解的讀者，或許會產生一股對知識上的饑渴感，在書末詳細附上資料出處（論文和報導），盼可提供參考。

最後，希望這本書能消除企業領導者對科學不由分說的排斥，也期盼在讀者閱讀更全面、更專業的科學書過程中，多多少少產生啟發的效果。

目錄

第二部 改變自己，心想事成的科學技巧

第三部 生活中無所不在的科學應用

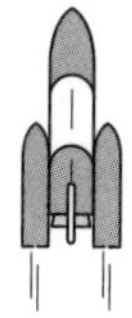

第一部

優秀的人如何從科學中學習

01

「在中國市占率百分之一」有那麼容易嗎？

很多企業對於是否進出中國市場抱持著「只要能占有十四億中國人口的百分之一市場就算成功」的樂觀心態。但若認為擁有市占率百分之一是件輕而易舉的事情，那就大錯特錯了，而這種誤解是由冪律分布（Power law distribution）的陷阱所引起的。

如果將一顆硬如石頭的冷凍馬鈴薯對著牆壁用力丟過去，就會碎成許多大小不同的碎片。把這些碎片按體積由小到大排列之後，再將個數製成圖表，會出現什麼樣的圖案呢？可能會讓人聯想到一個中間大小的碎片最多，越往兩端數量越少的鐘形常態分布曲線。然而丹麥科學家透過打碎冷凍馬鈴薯的實驗，發現當碎片重量達到兩倍時，其數量就減少到六分之一。如果把這種情況製成圖表來看的話，就成了越往右邊越往下墜的「L」形模樣。這樣的分布被稱為「冪律分布」。

雖然看似按照常態分布，但其實更多情況反而並非如此。以地震來說，也同樣遵循冪律分布，當能量釋放增加一倍時，發生頻率就減少四分之一。森林火災的受災面積翻倍時，發生次數就減少約三分之一。在美國，若從面積最小的城市開始依序列出二千四百座城市的話，會出現什麼樣的分布呢？按照一九九七年的研究顯示，面積每增加一倍時，城市數量就下降四分之一。

常態分布沒有你以為的多

歐伯伊爾（Ernest O'Boyle Jr.）教授再三強調，人們對常態分布的盲目信任是錯誤的。[1]他分析了學術研究者自二〇〇〇年一月到二〇〇九年六月發表在前五名學術雜誌上的論文數量，發現都不是常態分布，而是接近冪律分布。九年期間只發表一篇論文的研究者占了大多數，發表一篇以上論文的研究者呈現急遽減少的趨勢。以從事演藝工作的一萬七千七百五十人為對象，將艾美獎、葛萊美獎、金球獎等四十二個項目的獲獎或入選者分布製成圖表，同樣也呈現冪律分布模式。無論是分析政治人物的在職期限，或是運動選手們的成績或常見失誤的分布，所得到的結果也大同小異。

美國語言學家齊夫（George Zipf）發現在聖經或文學作品裡最常使用的英文單詞，要比第二常用的頻率高出一倍，於是便有了「齊夫定律」理論。[2]英文中最常用的單詞「the」，使用頻率為百分之七；第二常用單詞「of」的使用頻率約為百分之三點五。使用頻率與其在頻率排名表的排行成反比。

商業分析容易掉進冪律分布的陷阱

曾有人說：「中國人口超過十四億，就算只市占百分之一，那也有多少啊？」很多人對於和中國相關的事業都抱持樂觀的態度。然而，這只是一種妄想，因為如果按照銷售順序從第一名排到最後一名，出現的就不是常態分布，而是冪律分布。[3]假設在這冪律分布中存在了一千家企業，那麼想要成為市占率達到百分之一的企業，銷售排行名次該是多少呢？英國的軟體開發商布萊斯（Andy Brice）認為，至少要排在第十三名，才有可能勉強占據百分之一的市場。[4]如果企業數量是一百家的話，那得排行第十九名才能占據百分之一。

商業之所以冷酷，是因為這世上充滿了冪律分布。若有讀者計畫創業或已經展開的話，得趕緊從「百分之一謬論」中脫身而出。布萊斯語帶諷刺地說：「再也沒有比跑去對投資人大言不慚地宣稱『只要吃下市場份額的百分之一，這生意就做得下去』更愚蠢的行動了。」

常態分布只有在各自獨立的個別事件，且對分布所發揮的影響力全都相同的情況下才能成立。例如學生的身高之所以呈現常態分布，原因在於就身高來說，高或矮並非學生之間相互作用，樣本上每增加一名學生，對分布所產生的影響力都一樣。但是像上述舉例的冷凍馬鈴薯實驗、期刊論文發表數量、地震頻率、寫作時使用最多的單詞、企業競爭市占率等，是樣本相互作用，若特定事件的影響力高於其他事件的話，那麼常態分布就無法正確地呈現真實情況，但願不要因為草率認定世上萬物都無條件遵循常態分布而誤事。

02 從動物習性體會組織生存戰略

從動物的生態中所發現的生存和繁殖戰略並不侷限於自然界，也完全適用在人類社會、組織和企業裡。就讓我們透過紅鶴的群舞來確認群體所產生的知性力量，在貓的追捕遊戲中來確認外界刺激所帶來的功能吧。

如果到較具規模的動物園去，就能看到支著長腿配合音樂彷彿在跳群舞般翩翩起舞的朱紅色鳥，那就是紅鶴，也稱為佛朗明哥（flamingo）。紅鶴是鳥類中具有高度社會性的動物，據推測，紅鶴群舞般的動作，與其說是對音樂所起的反應，不如說是出自不想脫離群體的一種本能。

從紅鶴習性看壯大群體的好處

紅鶴是社會性的動物，從其繁殖率和群體規模有密切關聯這點就能確定。規模不到二十隻時，紅鶴就不願繁殖，一旦數量達到二十乃至三十隻，就開始表現出積極繁殖的傾向。因此，在動物園的有限空間裡，管理和保育紅鶴的飼養員為了讓紅鶴數量維持一定的規模而費盡心思。位於澳洲雪梨的塔龍加動物園（Taronga Zoo），當紅鶴不願成對交配時，飼育員就會將巨型鏡子豎立在鳥舍周圍，讓紅鶴數量看起來很多。這種方式雖然可笑，但在繁殖上頗具成效。

學者們將紅鶴的這種習性稱為「阿利效應」（Allee Effect），這個術語源自生態學家阿利（Warder C. Allee），他發現當魚缸裡的金魚數目越多，其生長速度就越快。[5]阿利透過這個研究得到的結論是：在提高個體生存率上，群聚比獨居重要，合作是社會整體演化所需的核心要素。

當然，如果群體過大也會產生負面效果，因為要爭取有限的食物，個體之間就會發生激烈競爭，雄性為了爭奪配偶也會展開過激的戰鬥。但是如果群體小，交配的對象少，繁殖能力下降，就會產生無法共同抵禦天敵等等的嚴重問題。

看著紅鶴，不禁想起人類社會，在工作上，組織型態比單打獨鬥好處更多，例如在成員各式各樣想法互相撞擊的過程中，新的創意會蓬勃出現；或是紅鶴努力繁殖、壯大群體，以共同抵禦天敵的威脅，都再次讓我們認識到群體的作用。在大多數情況下，群體比個人聰明，提高成員之間的相互影響，就能保障群體健康和個人幸福。

引進建設性的刺激並學習新知

接下來我們挪步往猴園去看看。兒童大公園（譯註：位於首爾廣津區的一座綜合公園）裡的猴子為了吃到餅乾，會一直勾掛在鐵絲網上。有的猴子會拍手示意遊客將食物扔向自己，有的猴子會因為遊客不扔餅乾氣得尖聲大叫。這些猴子每餐都應該能吃到足夠的食物了，為何還這麼熱中於吃食呢？

原因是太無聊。因為牠們無事可做，所以用吃餅乾來打發枯燥時間。只要是遊客扔過來的東西，不管是什麼，猴子都會狼吞虎嚥地往嘴裡送。有的熊一直不停地吃，最後因為腹部壓力窒息而死。有的大猩猩會不斷重複吃了吐出，再把吐出來的東西吃下去的動作，就像古代羅馬貴族用羽毛刺激口腔中的懸雍垂催吐，吐了又繼續吃一樣。

可能是因為日常生活太過乏味，貓科動物也經常出現一些奇怪的行為，如將死鳥或死老鼠拋向空中，再向上跳躍去抓住，就像捕獵活物一樣。因為這些貓科動物相信，只要讓死去的獵物「飛起來」，就表示獵物還活著。

按部就班的生活對我們的身體傷害很大，缺乏刺激的日常生活讓人沉溺在暴飲暴食之類的錯誤刺激源中，從而引發肥胖和各種併發症。而上述貓科動物所表現的行為，同樣有引發精神異常的危險，所以我們需要「火辣新穎」的刺激，來給乏味生活添加不同的節奏。埋首在暴飲暴食等「熟悉」的刺激裡，就是一條墮落的捷徑。我們應該用心去發現更多新的刺激，更多好的刺激，更多建設性的刺激，用五顏六色將生活渲染得多彩多姿。

不只在日常生活中，在工作和事業中也是一樣，熟悉的環境和方式雖然帶來安全感和舒適感，但其背面卻潛藏著拒絕學習新事物的軟弱無力。就算是有意為之，讓自己有一、兩次的機會暴露在新的刺激下，會讓工作和事業變得更豐富美好。

挑個人潮不多的平日時間，獨自到動物園逛逛吧。不僅可以從動物身上窺見人類本能的深處，在動物園閒逛一、兩個小時的見聞，也會成為新鮮而美好的刺激。

03 組織沉默導致挑戰者號爆炸事故

「說也說不通，我自己做了也沒有用。」如果上、下級之間溝通中斷，成員就會失去動機和目標，組織必然走向僵化的局面，挑戰者號太空梭爆炸的遺憾事故就充分說明了這一點。如果組織內無法順暢溝通，必然帶來致命的結果。

一九八六年一月二十八日，挑戰者號太空梭在發射七十三秒後於空中爆炸，奪走了七名太空人的生命。據悉，爆炸的直接原因是火箭推進器內防止燃料外洩的橡膠O型環密封圈，因天氣寒冷出現裂縫而未能正常發揮作用。

事故發生之後，參與調查的真相調查委員會委員物理學家費曼（Richard Feynman），在冰水中放入用鐵箍鎖緊的橡膠O型環密封圈樣本進行示範，證明了這一事實。但費曼透過自己的著作表示，比起O型環密封圈的問題，更基本的原

挑戰者號以時速三千二百二十公里的速度飛行，在距地面十四點五公里的上空突然爆炸。

因深植在美國航太總署（NASA）內[6]——NASA是典型的「沉默組織」。

費曼在第二次世界大戰期間曾經參與「曼哈頓計畫」（Manhattan Project），開發原子彈。傑出的物理學家歐本海默（J. Robert Oppenheimer）是研發計畫的總指揮，當時還是新手的費曼則是其中一個小組的負責人。

由於必須比敵對國德國更早完成原子彈的開發，日程十分緊迫，以歐本海默為中心的所有人都得在極度緊張的氣氛中團結一致。若是有某方面出現問題，無論是否與自己直接相關，大家都會盡全力想辦法解決。

為了獲得經費，誇大開發太空梭的技術

費曼推測，NASA向月球發射太空梭的過程中，可能也營造了與曼哈頓計畫類似的團結氣氛。一九五七年蘇聯發射人造衛星「史波尼克一號」（Sputnik）的同時，也引發了美蘇兩國的太空競賽。美國總統甘迺迪（John F. Kennedy）的著名演說〈在一九六〇年代結束之前將人類送上月球〉，就代表美蘇的激烈競爭。眾所周知，美國率先讓「阿波羅十一號」上的太空人成功地登陸月球並安全返回，成為競賽的勝利者。

費曼說，導致挑戰者號太空梭爆炸之因，是在登陸月球後孕育而成。為了獲得國家全面支援，以便在在太空開發方面超越蘇聯的美國航太總署，不知不覺間成長為一個龐大組織，在休斯頓、亨茨維爾（Huntsville）、佛羅里達等地建立了多個基地，有無數的人員常駐。然而，在實現登陸月球這一終極目標後，與蘇聯之間的太空競賽就變得毫無意義，NASA繼續維持龐大組織運作的理由也因此變得薄弱。在政府看來，太空開發計畫這一事業似乎不值得再投入巨額預算。

因此，NASA的高層管理人員為了從議會獲得更多的預算，就必須花費更

龐大的力氣進行遊說。比起技術，NASA更需要能宣傳NASA為何存在、能做什麼的政治力量。費曼猜測，在遊說的過程中，對技術的宣傳過於誇大。例如NASA的一位高級官員曾說：「一架太空梭能飛行好幾次，因此費用會很低。我們既然能夠成功登陸月球，同樣也能夠成功開發太空梭。」費曼指責這種說法誇大了未獲驗證的技術成功的可能性。

組織溝通中斷埋下事故伏筆

NASA工程師需要的，是必須經過更多的驗證和有更多安全措施的技術，因此拒絕了高層管理人員要求立竿見影的命令。但在政治力量的壓迫下，工程師的聲音遭到漠視，挑戰者號太空梭發射計畫也被強制執行。計畫進行期間，工程師不斷向上級報告開發上所出現的各種缺陷，但NASA高層卻徹底無視，因為他們擔心，如果議會意識到太空梭計畫存在致命性技術問題的話，他們費盡力氣獲得的預算可能會被取消。工程師判斷引擎發生異常的機率為二百分之一左右，但NASA高層卻認為只有十萬分之一而已。由此可見，管理人員多麼忽視現實。

工程師看著自己所提出的問題屢遭漠視，最後只能保持「順其自然」的心態閉上嘴，形成了被動聽從上級指示的最壞溝通狀態，這就是挑戰者號太空梭爆炸的根本原因。嚴寒天氣會使得O型環密封圈出現裂縫，造成燃料外洩，這樣的警告在發射前就已經多次提出，卻都遭到高層壓制。拒絕接受負面意見的結果，早已為爆炸事故埋下伏筆。

費曼所得到的結論是，下級想和上級討論實務內容，但意見若不被接受，對話就會逐漸減少，最終完全消失，從此以後上級再也無法得知下級發生的事情，這就是他所說的組織「溝通中斷」理論。

費曼指出的溝通問題，在很多組織裡輕易可見。為了與其他部門競爭業績，同部門上下級之間有時會出現溝通中斷的問題：部門主管為了獲得企業總裁對自己部門存在價值的認可，做出「攬功」的行為，甚至侵犯其他部門的業務來突顯自己部門的業績，最後底下的職員就會保持沉默，說不定類似挑戰者號太空梭爆炸事故的風險正悄悄在某個角落滋長，領導人對此應時刻警惕在心。

04 大有用處的「垃圾DNA」

占了人類基因百分之九十八點五的「垃圾DNA」（Junk DNA），乍看之下似乎毫無用處，其實在影響性格表現或變異上也產生一定的作用。組織也和人體一樣，不是只靠優秀的少數人便能運作。

眾所周知，雙螺旋形狀的DNA（去氧核糖核酸）帶有製造生理活動所需蛋白質的遺傳密碼，也就是基因。人類基因體計畫（Human Genome Project）的結果顯示，人類DNA中共存在三萬個左右的基因，但這個數字卻遠遠不及當初所預測的十萬個。自稱是萬物之靈的人類，基因數量竟然只是果蠅（一萬三千個）和線蟲（一萬八千個）的兩倍而已！而且人類百分之九十八點五的DNA還完全不帶有生成和調節蛋白質的作用！科學家們感到困惑之餘，就將這些毫無用處的DNA貼上了使人聯想到垃圾食品的嘲諷標籤——垃圾DNA。

越高等的生物，基因中的垃圾DNA越多

但垃圾DNA真的是完全派不上用場的垃圾嗎？有趣的是，越高等的生物，垃圾DNA越多，細菌之類的低等生物則幾乎沒有。這難道不是一種證據，證明「垃圾DNA是經過自然嚴選之後存活下來的演化產物」嗎？也許有人會反駁，垃圾DNA根本不足以成為自然選擇的對象，雖然毫無用處，但也無礙生存，因此就堆積在體內而已。但根據陸續發表的研究結果顯示，「垃圾DNA」中隱藏著一些我們所不知道的祕密。

美國艾莫瑞大學（Emory University）醫學院的精神病學和行為科學系教授發表在《科學》（*Science*）期刊上的論文主張，「垃圾DNA」是影響害羞性格的因素[7]。他們用來實驗的動物是以社交關係融洽這項習性而聞名的草原田鼠，研究小組經由基因轉殖，將垃圾DNA分為短組和長組，同組配對之後，觀察其後代的行為。其結果就是具有垃圾DNA長組的雄鼠，出現了即使碰上陌生的雌鼠也會盡快靠過來嗅聞味道後交配，產下幼鼠後，大部分時間用在撫養上的傾向。相反

地，垃圾DNA短組的雄鼠很難和陌生的雌鼠親近。也就是說，一般認為毫無用處的垃圾DNA對性格表現上產生了一定程度的影響。

垃圾DNA能修補受損的DNA

新陳代謝所必需的各種蛋白質並不是從DNA中直接製造出來，必須先將遺傳訊息複製到RNA（核糖核酸）上，再轉譯RNA訊息製造出胺基酸，無數的胺基酸聚集在一起就合成為蛋白質。美國哈佛大學的溫斯頓（Fred Winston）博士發現，垃圾DNA可以控制或增加鄰近基因的表現[8]。另外，在四百四十二位科學家所參與的「DNA組成的百科全書」（Encyclopedia of DNA Elements）研究團隊，於二〇一二年交出了「垃圾DNA掌管疾病」的研究結果[9]。因此，前述草原田鼠的靦腆性格被推測為垃圾DNA過短，無法很好地掌控基因的顯現與否。人類之所以能夠表現出不同於其他動物的社交性、學習、發明等高度的能力和複雜性，難道不是因為垃圾DNA能細緻地控制基因的顯現嗎？

垃圾DNA還具備修補受損DNA的作用。密西根大學的吉爾伯特（Nicolas

Gillbert）博士在培養人類癌細胞的過程中發現，垃圾DNA會不停地尋找同一染色體上的斷裂部位，並修補受損之處[10]。如果垃圾DNA具有修復功能的話，那也可以解釋為垃圾DNA參與了基因變異。如果人類處在不適合生存的環境下，就有必要透過變異來演化。那麼垃圾DNA是不是在引發爆炸性突變上，產生催化劑般的作用？

有關垃圾DNA的研究成果並不多，但從以上提到的幾項研究來看，垃圾DNA確實存在著一些特別的東西。百分之九十八點五只為了百分之一點五而存在的嚴重低效率表現，絕對是有理由的。「垃圾DNA」帶給我們的訊息：表面上看是效率低下，但這不見得就是不好，或許反而是必須如此也說不定。

05 挑戰權威意識得以找出霍亂成因

回顧人類的歷史，主導世界變化和社會發展的人通常都會毫不猶豫地擺脫或打破既有的權威。因為若受到現實的束縛或與之糾纏不清的話，就不可能有效地解決問題或進行改革。

一八五四年八月在英國倫敦布洛德街（Broad Street）發生的霍亂，短短十天內就奪走了半徑兩百公尺以內五百多條居民的性命。霍亂是十九世紀最常見的疾病之一，霍亂弧菌一旦侵入人體，經過六個小時到五天的潛伏期之後，患者會出現嚴重脫水的症狀，其中百分之五十到七十的患者會死亡。但是像布洛德街那樣，局部地區迅速擴散的情況可說史無前例[11]。

眾所周知，霍亂不是經由空氣，而是經由水傳播的水因性傳染病。但當時的科學家卻在沒有任何證據的情況下主張「毒氣論」，認為霍亂是經由污染的空氣所引發的。當時只有一個人看法不同。

大膽假設也要有所根據

史諾（John Snow）大膽地提出一項假設，霍亂的傳染媒介不是空氣，而是水。他之所以提出這樣的假設，是因為當時多家民營化的自來水公司在沒有經過任何淨化裝置的情況下，從被家庭廢水和工業廢水污染的泰晤士河中引水供應到住家。為了反駁毒氣論，並找出預防方法，史諾必須找到證據證明患者並非聞到了臭味，而是飲用被糞尿污染的水才罹患霍亂的。但要做到這一點，他就必須拜訪所有人家，一一確認各戶的供水是來自哪家自來水公司，以便掌握水污染的程度。

在毒氣論占據優勢的時期，踏入遍布傳染病源地區的行為本身就意味著自殺。萬一毒氣論是正確的話，那麼只要吸入霍亂猖獗地區的空氣就會罹患疾病。可是史諾相信自己的假設，每天都熱中進行調查工作。

最後他舉出了證明，清洗過罹患霍亂的嬰兒尿布的水滲透到住戶共用的水泵中，居民喝了取自那個水泵的水之後，多人同時染上霍亂——因為霍亂死亡者集

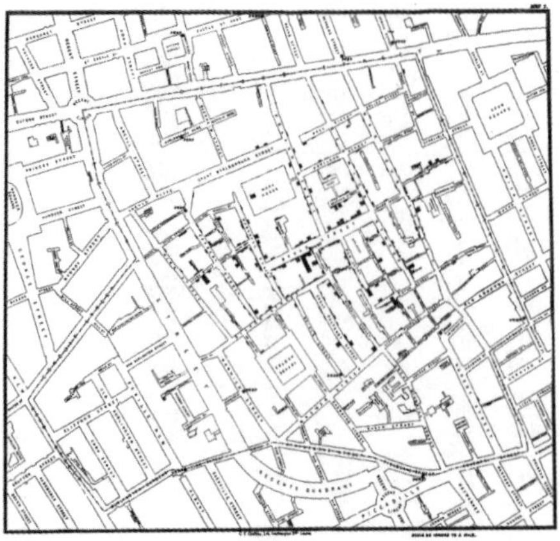

史諾親自繪製的地圖，以黑色標示霍亂發生地點。

中分布在以水泵為中心的地區。直到一八八三年柯霍（Robert Koch）發現霍亂弧菌，才得以實施飲用水源經過氯消毒和疫苗接種等措施來預防霍亂。

放下身段才能革新

在投入霍亂研究之前，史諾已經將乙醚和三氯甲烷作為麻醉劑臨床使用。如同新聞記者施耐德（Wolf Schneider）所說，「全身麻醉術是文化史上比電話和電腦發明還要卓越的發展」，這是一項偉大的功績。[12]史諾把無數人從手術的痛苦中解放出來，被英國王室認可為最傑出的名醫。他在維多利亞女王生第四個兒子時，就使用了麻醉藥，成功做到了「無痛分娩」。

他之所以如此偉大，是因為地位高的人通常帶著「我有必要做到這種地步嗎？」的權威意識，而史諾卻打破這種意識，迅速帶頭掌握了霍亂傳染的原因。他穿著沾滿泥土的鞋子走在傳染病的集中地區，不顧性命只為了得到確鑿的證據。他克服了居民試圖隱瞞自己染病事實的不合作態度、錯綜複雜的上下水道管線、無數毒氣論者的嘲諷，在充滿死亡氣息的土地上奔波，將霍亂擴散過程一一繪製在地圖上。他的事蹟令人肅然起敬。

史諾的功績所傳達的啟示，就是告訴人們應該嘗試以冷靜的頭腦懷疑所有讓人不敢頂撞的權力和權威。無論是最高權力者還是宗教信仰，不管對象是誰，都要發起挑戰。唯有勇於擺脫權威、挑戰權威的人，才能改變自己，革新社會。

06 影響科學和組織進步的迷因

發展本身就是變化，因此害怕變化或遏阻變化，就別想謀求發展。如果能像伽利略、牛頓、愛因斯坦一樣擺脫既有的權威束縛，就可以在「奇言怪想」中發現「創新」。

縱觀科學史，經常可以看到挑戰學術體系卻蒙受恥辱的人物，其中最具代表性的人物，就是否定群星繞著地球運行的「天動說」，主張地球繞著太陽運行的「地動說」的伽利略。強大的教會權力指責他是挑戰神威的異端，甚至威脅他的性命。要不是發誓永遠保持沉默，伽利略早就成了斷頭臺下的一縷幽魂。

在以教會馬首是瞻的時代裡，人們對伽利略經過長時間研究後所建立的理論對錯毫不關心，只在意他的想法有多異端。對教會來說，伽利略不是真理的創始人，只是一個危險的異議分子罷了[13]。

是否為異端邪說，取決於是否與「迷因」（meme）背道而馳或步調一致。「迷因」的概念最早由演化生物學家道金斯（Clinton Richard Dawkins）所提出，乃是指思想、宣傳文句、服裝時尚、建築風格等一個社會裡所具有的同質性文化要素[14]。道金斯認為，迷因就像遺傳基因一樣，在人與人之間傳播，並且被複製到下一代去，帶有非常自私的特性。當傳統領域受到性質不同的迷因侵犯時，就會反射性地團結在一起攻擊對方，嚴重時甚至不惜採取殘忍的暴力行為。教會權力對伽利略的威脅，就是出於迷因的殘酷特性。

石油起源的迷思難以撼動

雖然不像伽利略那樣面臨死亡的威脅，但因為迷因的影響，科學發展陷入停滯不前的事例層出不窮。天文學家戈爾德（Thomas Gold）提出了別開生面的主張，認為石油是在地球的地函自然形成的，與生物沒有任何關係[15]，因為在沒有生物的地方也發現了組成石油的碳氫化合物。但是當時傳統的學說主張，石油是遠古時期的動物死後，屍體經過長時間堆積再加上高壓和高熱的作用，腐敗之後所形成的。

這種學說形成了不可動搖的迷因，在此情況下，戈爾德的理論和主張遭受不少專家的嘲諷。

但是，卡內基研究所於二〇〇九年透過將存在於地函中的三種物質混合後，施加地函溫度和壓力的實驗發現，石油和天然氣的主要成分甲烷被大量生產出來。[16]這證實了戈爾德的理論有可能是正確的，可惜他早已在二〇〇四年六月離開人世。

除了有關石油起源的理論之外，戈爾德還因為提出其他足以受人嘲笑一輩子的主張而聲名狼藉，但是後來他的想法大部分都被證明是正確的。如果科學界不拘泥於迷因而認真接受並驗證他的想法，科學的進步就會加快速度。不，至少不會在錯誤的道路上徘徊。

科學與組織的躍進需要異端分子

就像迷因的狹隘性經常阻礙科學的發展一樣，社會和組織的發展也會被迷因扯後腿。隨著時間的過去，社會逐漸架構起文化的同質性，形成特有的迷因。組織的迷因具有加強成員的團結，將力量集中在目標上的功能，但如果有人膽敢向自己的堡壘下戰書，不管是內部人員還是外部人士，迷因也具有毫不留情加以嚴懲的冷酷與不合理的一面。即使是為了組織和社會的發展，做好對立的心理準備後才提出正確的主張——這忠誠之心不要說被接受，通常不是被漠視，就是被驅逐而出。

不過也有很多事例證明，只要接受異端就可以落實發展和飛躍。就像愛因斯坦推翻牛頓的決定論宇宙觀，確立了相對論一樣，科學的飛躍大部分是透過異端的發想實現的。組織和社會也是如此，社會革新的動力來自於挑戰既有權威、充滿赤忱的異端分子，這是我們該記住的。

英國詩人米爾頓（John Milton）曾一針見血地指出，迫使伽利略永遠保持沉默，是導致義大利文藝復興從輝煌瞬間沒落的決定性因素。他忠告世人，要擊退拒絕變化、口蜜腹劍的人，就要多傾聽「奇言怪語」。包容勇敢的異己者並活用他們，才是創造永續發展的智慧。

07 比較是人類的生存本能

將他與我、他們與我們相比較，是人類的本性。但是經由這樣的比較，有些人會認識到自己的不足，將其作為發展的契機，有些人卻變得極端消沉。既然無法避免比較，那麼我們就應該樂觀以對，朝著正面的方向發展。

當我為了提供諮詢而和企業員工面談的時候，一定會聽到員工抱怨自己很努力工作卻沒能得到相對的回報。相反地，卻從來沒有員工說自己能力不如他人，自己的年薪過高。

人們總喜歡像這樣拿自己和別人相比，但卻不是能力上「我是不是在某方面不如人」的比較，而是不斷計算「我有沒有哪方面比別人吃虧」，這是一種經由演化內建在人類基因中的「生存本能」。那麼在演化史上可以說是人類親戚的猴子，在這方面又是如何表現的？

猴子也是愛比較的動物

先給猴子小石子，再給牠們看小黃瓜，猴子馬上學會把石子還給人類才能吃到小黃瓜的道理。靈長類動物學者布洛斯南（Sarah Brosnan）和德瓦爾（Frans de Waal）就曾經對兩隻白臉卡布欽猴做過這樣的實驗[17]。起初給兩隻猴子小黃瓜來交換牠們手上的小石子，接著改成一隻猴子給葡萄，另一隻猴子繼續給小黃瓜，做不公平的交換。比起小黃瓜，糖分多的葡萄自然是較美味的食物。

只得到小黃瓜的猴子，看到同伴得到的回報比自己更好，非常生氣，不僅中斷遊戲，連平素愛吃的小黃瓜都棄置不顧。實驗結果顯示，「社會比較」（social comparison）是一種人類本能。正如科普作家里德利（Matt Ridley）所說，「人類被平等主義束縛可說到了強迫性的地步，這種傾向源於人類形成狩獵採集社會時所延續下來的習性。」[18]

藉由與他人比較來確認自己的優劣

一九六〇年代後期所進行的傳統心理實驗，也證明了人類的「社會比較」有多麼根深蒂固。心理學家摩斯（Stanley J. Morse）要求參與實驗的人填寫問卷調查。[19]在受試者完成一半問卷時，會看到兩位貌似來遲的受試者走進房間，填寫問卷。中途走進房間裡的人，外表各不相同，一個看起來清爽乾淨，充滿知性，另一個穿著一身骯髒的衣服，還散發出臭味。

看到「時髦人」或「邋遢漢」，自尊感會產生何種變化呢？這就是摩斯的疑問。摩斯在問卷前後插入了檢測受試者自尊感的問題，觀察他們在「時髦人」與「邋遢漢」進入房間前後的回答有什麼不同。結果不出意料，看到「時髦人」時，自尊感會下降；看到「邋遢漢」時，自尊感會相對上升。看到比自己好的人，會因為「向上社會比較」（upward social comparison），使得自尊感下降；看到認為比不上自己的人時，會產生「向下社會比較」（downward social comparison），自尊感上升。

不過這個實驗另有精采之處。摩斯將受試者中具有接近「時髦人」優越特徵的人和具有類似「邋遢漢」劣等特徵的人各自分組，上演同樣的情況。於是類似「邋遢漢」的受試者們在「時髦人」出現的時候，自尊感就會大幅滑落，但在「邋遢漢」進入之後，自尊感就會上升。由此可知，越自卑的人，對社會比較就越敏感。

相反地，類似「時髦人」的受試者在「邋遢漢」進來的時候，自尊感幾乎沒有變化，但在「時髦人」出現之後，自尊感反而上升。因為他們將「時髦人」和自己比較之後，從中確定了自己的優越性。

近年來韓國國內最暢銷的車種不是中型車，而是中大型車。道路狹窄，停車面積窄小的國度裡，竟然出現像這樣偏愛大車的奇怪現象，推測應該就是出於「社會比較」現象的緣故。一旦被捲入社會比較，就會陷進入不敷出的危險中。與其和他人相比，不如將自己的現在和過去相比，以追求更美好的生活，這樣不是更好嗎？

08 出頭或追隨？向三棘刺魚學習領導能力

如果您剛剛成為領導者，或還在為該如何做好領導者而煩惱的話，就看看三棘刺魚的生態吧。你可以體會，比起站在領頭的位置，能學到什麼才是更重要的。

有種名叫「三棘刺魚」（three-spined stickleback）的魚，因為體型小，適合掠食者飽餐。因此三棘刺魚為了生存，養成不單獨行動、成群結隊的習性。當結隊行動時，若是迎面碰上奇怪的物體，為了確定對方是否為掠食者，隊伍中會有一、兩條魚游到最前面。這是出於維護群體安全，願意承擔被捕食的風險，或甘願獻出自己生命的利他行為。

然而游在魚群最前方的三棘刺魚，牠的利人之心果真基於單純的犧牲精神嗎？對三棘刺魚習性倍感興趣的動物行為學家米林斯基（Manfred Milinski）就進行了一項實驗。[20]他把一隻三棘刺魚放進長形玻璃魚缸中，然後在魚缸的另一邊放進一隻不同種類、體型較大的魚。接著在魚缸周圍排放鏡子。當米林斯基將鏡子安放在與魚缸平行的位置時，三棘刺魚為了試探掠食者，就會游到前面去。但是當鏡子稍微往掠食者方向調整時，三棘刺魚游向前的動作就會出現遲疑。為什麼呢？

帶頭者增加，追隨者也跟著變多

三棘刺魚錯將鏡子裡照映出來的自己身影當成同伴，因此當鏡子放在平行方向時，牠以為同伴和自己一起並肩朝著掠食者靠近。但當鏡子偏向掠食者方向調整時，牠以為同伴（實際上是鏡中自己的身影）會跟在自己背後而來，牠認為自己已經出頭一次了，這一次就該由同伴出頭，結果發現只有自己一直游在最前方，就開始感到不安，遲遲不敢接近掠食者，彷彿在說：「上次我已經展現出勇氣了，這次該輪到你了。你怎麼還不上前呢？」米林斯基說，在三棘刺魚根深蒂固的本能中，具有「這次我來，下次換你」的「彼此互惠主義」。

澳洲雪梨大學教授沃德（Ashley J. W. Ward）也以三棘刺魚為對象，進行了有趣的實驗。[21]他在一個巨大矩形魚缸裡先放入一隻塑膠製的假三棘刺魚，再放進幾條真魚。過了一段時間後，如前所述，三棘刺魚具有當同伴游上前時緊跟在後的習性，沃德的實驗專注在三棘刺魚的習性受魚群大小所左右這點上。沃德將兩條真魚放進魚缸裡，再讓假魚往前游，結果兩條真魚也跟隨假魚的後方游去。但當魚群數量增加為四到八條時，沃德觀察到只有一半左右的魚會跟在假魚後方。

游到前頭的行為，在三棘刺魚的世界裡相當於一種「說服行動」。沃德假設，當三棘刺魚要說服數量更多的魚時，就必須出示更多的證據，因此他又進行了一次實驗。他在魚群數量為四到八條的狀態下，又添加了一條假魚。然後讓兩條假魚同時游在最前方，結果所有的真魚都跟了上來。由此可知，當魚群越大，出頭魚——也就是「說服大家一起上前」的魚——數量就得越多。

群體容易倚賴自願出頭者

沃德在後續實驗中，將一條長達二十公分的假掠食魚放在魚缸的另一端，然後將假三棘刺魚朝著假掠食魚移動，試圖讓真三棘刺魚陷入進退兩難的局面。前進，或許會被掠食者吃掉，但立定不動，又會脫離魚群，搞不好就會成為掠食者的目標。

不出所料，三棘刺魚在魚群數量只有兩條的時候，有時會跟在假魚後面，有時則不會。當數量增加的情況時，則幾乎所有的真魚就不會跟著假魚游上前去。然而若置身於掠食者威脅的情況下，三棘刺魚群的行動就會變得保守。這時，當沃德將假魚增加為兩到三條時，起初還躊躇不前的真魚就會開始出現跟在假魚後方游去的行為。這代表了當掠食者的威脅存在時，說服眾魚「一起出頭」的「行動統帥」數量要多才行。

那麼三棘刺魚實驗又帶給人類什麼樣的啟示呢？在諸如公司等多人聚集的群體裡，不管領導者如何大聲疾呼「我們要改革！」，追隨者卻寥寥無幾時，就無法促使集團成員共同參與改革。假如類似掠食魚之類的外部環境威脅變大的話，領導者的聲音就越發顯得淒涼。如何克服群體成員推諉責任的本能，讓大家團結在一起，是領導者該做的事情，所以要當一個領導者並不容易。

09 「越……就越……」不代表「若……就會變得……」

「相關關係」不見得適用「因果關係」，就像聰明人愛罵人，但不一定愛罵人就能變聰明，是同樣的道理。這類錯覺和誤謬是我們在作決策時必須警惕的地方。

認知心理學家傑伊（Kristin L. Jay）為了檢測詞彙能力，要求參加者盡可能快速地大聲說出以字母F、A、S開頭的單詞，然後以同樣的方式說出相當於髒話的單詞。[22] 結果發現參加者中能說出越多以F、A、S開頭的單詞的人，就能說出越多的髒話單詞。這個結果也顯示，一般認為詞彙量不足的人越愛說髒話的想法是錯誤的。

這個實驗結果本身無可挑剔，問題出在之後媒體卻以扭曲方式大肆報導了這一消息。韓國的《朝鮮日報》在二〇一六年八月四日的報導中，將這項研究內容安上了「越聰明越會罵人」的標題。首先，詞彙量能否代表智力令人懷疑，因此這個標題有誇大釋義之嫌。但很多讀者在社群網站上轉載了這篇報導，以「擅長罵人就會變聰明」的方式來解讀，這點頗耐人尋味，甚至讓人以為把「相關關係」解釋為「因果關係」是人類普遍的心理。

「相關關係」與「因果關係」的差異

演化生物學家古爾德（Stephen Gould）介紹了將「相關關係」誤認為「因果關係」而發生的趣事。[23] 一位統計學家發現，美國酗酒者的拘留件數和浸信會牧師的人數之間有關。也就是說，酗酒者越多，牧師人數就越多。

統計學家得出了「因為酗酒者變多，所以開導他們的牧師人數也增加」的結論。大家覺得這個結論有道理嗎？恐怕會認為兩者之間毫不相干吧。酗酒者和牧師人數同時增加的理由，單純源自美國人口的增加。

我們明明知道酗酒者和牧師人數之間存在因果關係的主張是荒謬的，為什麼還會認為「很會罵人」是「聰明」的原因呢？

綜觀各種研究發現，和「聰明」相關的論文特別多，一發表就經常被當成新聞報導刊登在媒體上。好像在哪裡讀過「越聰明就越晚睡」、「越聰明就越愛喝酒」、「越聰明桌子就越亂」之類的報導，大概是因為「越聰明生存得越好」的信念深深扎根在我們的基因裡吧。

無論如何，當這類研究結果以「越……就越……」的方式來調查相關關係時，我們應該「有意識地」努力避免將它解讀為「若……就會變得……」的因果關係。尤其是作為一個組織的決策者，更應該銘記在心。因為在政治或商業上做出錯誤判斷的話，就會像誤將酗酒者和牧師人數扯上關係的統計學家一樣，成為笑柄。

具備因果關係的三種條件

那麼，什麼情況可以視為有因果關係呢？英國哲學家米爾（John Mill）認為，因果關係的成立必須滿足三個條件。第一個條件是「原因發生的時間要早於結果」，雖然這句話像「下雨時地會濕」一樣理所當然，但這是毋庸爭辯的成立條件之一。

但並非先發生的事情，就一定是導致結果的原因，譬如以下這個故事。初次看到螺旋槳飛機的A問：「怎麼有螺旋槳？」B回答：「這是給飛行員涼快用的。」A覺得是胡扯，一點也不相信，B則提出了「我之前看到一架螺旋槳壞了的飛機，飛行員汗流不止」的主張。

我們很快就能意識到B的主張很荒唐，因為雖然飛機安裝螺旋槳一事明顯發生在前，但卻不是飛行員不流汗的原因。

第二個因果關係的成立條件是兩個事件之間要有關聯。但如前所述，僅靠這點是不夠的，最重要的是第三個條件，即「必須排除其他說明」。也就是說，要想成為某種結果的原因，就必須是唯一可以說明結果的理由。譬如牧師人數增加的這個結果，只能用酗酒者增加來解釋原因時，兩者之間的因果關係才能獲得承認。

您想變聰明嗎？那麼有一種比罵人或弄亂書桌更好的方法。多讀讀為了增加點擊率而冠上聳動標題的新聞報導，就建立因果關係的成立條件來看，這應該有助於變得聰明。

10 效率低不見得不好

就像有一百個齒輪咬合轉動的裝置一樣，有的組織適合縝密的結構，有的組織則在自律與無秩序、效率低下的界限越模糊的情況下運作效果越好。因此首先要了解我們的組織適合哪一類型。

我以前就讀的大學裡有棟教學大樓位在山坡上，四方形的寬闊草坪鋪滿了整個山坡。學生餐廳位於山坡下，要吃午飯，就得繞過草坪四周走階梯下去才行。這麼一來，移動路線就會增加一倍以上。包括我在內的同學們都覺得明明很近的一段路，非得繞這麼遠，這已經超越了不方便的程度，簡直就是無理。因此學生很自然地開始踩著草坪的一角直穿而過，眼前就看得見的階梯，是傻瓜才會繞行過去。

學生剛開始也小心翼翼地穿過去，等到踩踏的痕跡越來越清晰，漸漸就沒了顧忌。不知不覺間，草坪上出現了一條小徑，原本綠油油的草坪枯死，露出難看的黃土路。校方為了美觀，在草坪四周立起了圍欄，但因為可以輕鬆跨越，效用不大。最後，為了不讓去吃午飯的學生橫穿草坪，教務長親自出面管束。

並非井然有序就一定有效率

但，穿越草坪是不對的嗎？雖然看起來雜亂無章，難道不是較有效率的行為嗎？物理家兼社會學家沃茨（Duncan Watts）認為，並非具有秩序井然的外表，就一定有效率。[24]在腦子裡先畫好一個棋盤，然後想像從一個頂點A移動到對角線另一個頂點B。沃茨透過電腦模擬，展示出在棋盤上畫出五、六條捷徑，就能達到戲劇性縮短從A移動到B的效果。這也證明了無論網路是大是小，只要隨意畫出五條左右的捷徑，就能縮短網路平均路徑長度的一半。

沃茨的模擬實驗為心理學家米爾格蘭（Stanley Milgram）的「六度分隔理論」（Six Degrees of Separation）提供了有力的依據。[25]米爾格蘭寫信給幾位住在堪薩斯州和內布拉斯加州的人，拜託他們把信的內容轉達給自己住在波士頓的朋友，但他卻沒有告知對方地址，只寫上了朋友的姓名和職業，收到信的人只要把信轉交給可能認識米爾格蘭朋友的人就行。米爾格蘭在確認以這種方式需要相隔幾個中間人才能把信送到朋友手上時驚訝地發現，竟然平均只用了五點五個人。

米爾格蘭的實驗顯示出，全世界的人都住在只要經由六個中間人就能聯繫上的「窄小世界」裡。人際網路並非像棋盤一樣整齊有序，因為各式各樣的人到處移動、遷徙，自然而然地建立起關係，所以實際的人際網路只能如同在棋盤上畫幾條捷徑一樣，呈現出稍微無秩序的模樣。

因此，如果草坪上出現了黃土小徑，必須理解為這是自然行為所產生的結果，不如在土徑上鋪上鵝卵石，兩旁種滿灌木和花草，也比禁止學生們穿越草坪的管束措施來得更有智慧。再不然在營造草坪之前，預想好學生會踩踏出什麼樣的捷徑來，從一開始就在草坪中間鋪出柏油小徑更好。物理學家赫爾賓（Dirk Helbing）以簡單的數學規則所做出的電腦模擬，證明了捷徑是可以事先計算出來的。[26]

縱向組織是工業革命的產物

「大腦和床墊的共同點是什麼？」腦科學家康拉德（Michael Conrad）在接受

班雅斯（Janine M. Benyus）採訪時提出了這樣的問題。康拉德回答：

「就算從床墊中抽出一根彈簧，剩下的彈簧還很多，所以我們不會察覺有什麼異狀。大腦也是一樣，大腦中存在了很多重複的物質，就算其中一部分故障，也依然能順利運作。」我們的大腦因為效率低，反而很安全。[27]

很多人相信，像棋盤一樣井然有序的組織就是有效率的組織。政治學家查爾斯・賽柏（Charles Sobel）表示：「縱向組織結構普遍存在於所有組織裡，成了一種信念，但並非因為這是一種經濟原理上組織的普遍型態，而是來自於工業革命時學者所建議的最恰當的組織結構。」[28]配合當時環境所提出的組織結構，至今依然讓人們認為是最有效率的結構，這不能不說是一種諷刺。研究如何鼓勵在類似棋盤的組織裡，刻意加入一些隨機的部分，以提高效率的方法，在組織運作上才是最聰明的。

11 連湯恩比都誤解的「鯰魚效應」

在商業和自我啟發領域中經常被引用，尤其是描寫動物生態的故事當中，有一些甚至還添加了沒有科學根據或恣意妄言的錯誤解釋。若不想被此種謠傳所騙，就必須努力從科學的角度去深究，以批判的態度來分辨真偽。

英國歷史學家湯恩比（Arnold Toynbee）最常提到的，就是「鯰魚效應」的故事。[29]所謂「鯰魚效應」是說將一條鯰魚放入有泥鰍的魚缸裡，泥鰍為了躲避鯰魚，就會頻繁移動，反而比沒有鯰魚時更健康長壽。一般都將這個故事解釋為：適當的緊張感會比身處安逸環境下，令人更奮發向上，獲得成功。瑞典的家具公司ＩＫＥＡ在韓國開設賣場之後，一般預料韓國國內的家具業者會受到嚴重打擊，但出乎意料地反而銷售額大幅提升，這是記者們常拿來當成「鯰魚效應」的例子。[30]

但「鯰魚效應」卻是一個毫無科學根據的故事。掠食者的存在不僅不會讓獵物變得更健康，反而會受到致命的影響。生活在以色列內蓋夫（Negev）沙漠的蜥蜴，當牠看到天敵伯勞鳥在天上盤旋時，動作確實會變得遲鈍，也不會到處尋找喜歡的食物，而是滿足於周圍可輕易獲取的小獵物，生存機率自然下降。[31]

誰說禿鷲會自殘

將蜻蜓幼蟲放在天敵藍鰓魚（bluegill）旁邊培養的實驗中，儘管蜻蜓幼蟲和藍鰓魚中間隔著隔板，沒有直接的危險，但幼蟲的死亡率還是比沒有藍鰓魚的時候要高四倍，這就是因為來自掠食者的壓力導致免疫力減弱所致。[32]湯恩比到底在哪篇文獻看到「鯰魚效應」的故事呢？

而自我啟發課程講師愛說的「禿鷲的創造性破壞」這則寓言，又是怎麼一回事？這則寓言是這麼說的：一般來說，禿鷲在活了將近三十年之後就再也難以狩獵，面臨生死存亡的關頭。這時禿鷲什麼都不吃，還會自己把又厚又鈍的長喙弄破，然後等到新喙長出之後，就啄掉彎曲的腳爪，讓身體完全脫胎換骨，這麼蛻變之後的禿鷲還能多活四十年。

雖然對於那些以「若想獲得新的生活，就必須勇於革新」來解釋這則故事的人有點抱歉，但禿鷲絕對不會做出弄破自己尖喙的危險行為。禿鷲只有在動物園生活，壽命才能超過四十年，在野生環境中只有二十到二十五年的壽命而已。幾乎沒有大型動物會做出弄破嘴（喙）、拔掉腳趾甲（腳爪）等自殘行為，因為如果嘴破或腳爪脫落，就無法掠食，只能等死。

溫水其實無法煮青蛙

再來說一個眾所皆知但接近奇談的故事：把青蛙扔進沸水裡，青蛙會馬上跳出來；但如果放進冷水中慢慢加熱，水沸前青蛙還會在水中游泳，直到某個瞬間才翻白肚被煮死。這個故事寓意為「安於現狀將走向滅亡」，在企業經營或自我啟發的領域裡是耳熟能詳的例子。

不過，從現在開始，若再提「溫水煮青蛙」的故事，可能會被恥笑，所以出口要小心，因為這也是一種謠傳。把青蛙丟進沸水中，青蛙的肌肉馬上被煮熟，想跳也跳不出來。相反地，如果把青蛙放在溫水中慢慢加熱，在被煮熟前青蛙就會爬了出來。美國奧克拉荷馬大學的赫奇森（Victor Hutchison）教授以實驗證明了這一點。[33]並不是說「積極應對變化」這句話是錯的，而是怎麼能把不科學的事情拿來當例子呢？

網路助長誤解流傳

由於網路社群的存在，沒有得到科學證明的故事被傳播、誇大重組的情況更加層出不窮。一位名叫杭特（Chadden Hunter）的攝影師二〇一一年在加拿大森林野牛國家公園拍攝到一群狼呈縱隊移動的行蹤。這張照片在二〇一五年十二月十七日分享在臉書上，並註記「走在最前端的三匹狼雖然或老或病，卻決定了狼群的移動速度。因為若不如此，就會在行進間落後。但一旦受到攻擊，牠們也會成為犧牲品，達到拯救整個狼群的效果。相反地，頭狼會跟在隊伍的最後方，如此才能決定狼群的移動方向，對應敵人的攻擊」。[34]

還真是煞有介事的說法，但最初公開這張照片的 BBC 紀錄片指出，走在最前端的狼是相當於領隊的「阿爾法」（alpha）母狼，完全不符合「又老又病的狼打前鋒」的說法。更何況生態學家米奇（David Michie）在一九九九年發表論文主張，狼群中不存在符合人類標準的首領。[35]所以臉書上最早散布這張照片的人，必然是自己看圖說故事。

很多從動物身上學習人生智慧的故事都是捏造的，因此要引用時，最好先確認是否經過科學證明。動物不會說話，卻也不能任由人類恣意代言。

12 競爭與合作都是生命的本質

根據集體選擇的假設，願意為其他個體或共同體而犧牲自己，或同伴之間相互合作做出利他行為的成員越多，其群體生存的機率就越高。這不僅適用於受弱肉強食法則支配的自然界，也同樣適用於商業活動。

我們經常在收看介紹動物生態的節目時，聯想到弱肉強食的激烈爭奪。唯有在和其他物種的鬥爭中生存下來，才能傳播自己的基因。就算是同一物種，優秀的基因力壓不那麼優秀的基因而獲得勝利，也被認為在保障物種上是一件值得嘉許的事。更有人大聲疾呼「競爭是好事」，有必要進一步加強。假如從近處觀察表面上看似競爭激烈的動物界，就會發現其實動物之間合作多於競爭。這樣的例子不勝枚舉，但不知道為什麼許多人醉心於適者生存、自私基因之類的概念，卻忽視了合作也是生命的本質之一。

單細胞生物為組織生存犧牲自我

被稱為「盤基網柄菌」（Dictyostelium discoideum）的變形蟲有著奇特的行為。[36]以細菌為食的變形蟲，當細菌數量豐富的時候，就各自單獨生活，一旦食物數量減少，便向周圍的變形蟲發出訊號，開始凝聚起來。成千上萬的變形蟲聚集在一起形成黏稠狀的聚合體，然後聚合體中會有約百分之二十的變形蟲自發性死亡。

變形蟲為什麼在食物不足時就形成聚合體呢？為什麼其中的百分之二十會自發性地選擇死亡呢？死了的話，就沒有機會讓自己的基因開枝散葉，那為什麼還要為了其他個體的生命選擇犧牲自己呢？

死掉的變形蟲會變得僵硬，形成一根兩公分左右的莖條狀物體，活著的變形蟲會沿著這根莖條往上挪動，以便黏附在從旁經過的昆蟲身上。這麼做是為了藉由昆蟲的身體，移居到食物豐富的地方去。也就是說，死去的變形蟲自願成為「月臺」，讓同伴能搭上名為昆蟲的「火車」離開，在犧牲自我的基礎上，完成令人驚訝的合作。

或許有人認為，變形蟲是單細胞生物、低等動物，所以才會做出為其他個體犧牲自我的「虧本生意」。但變形蟲是形成包括人類在內高等動物本能的「原型」，因此是不容忽視的對象。有些學者試圖站在競爭和鬥爭的角度，說明變形蟲的自我犧牲行為，但無法抹去牽強附會的感覺，因為他們竭力忽視：生命從一開始就是站在合作的基礎上不斷進步。

弱者禦敵的最強大武器是合作

生命的本質不是競爭，而是合作，這點在被視為比變形蟲高等的動物——鳥類身上也看得到。動物行為學家克拉姆斯（Indrikis Krams）透過觀察歐洲斑姬鶲（*Ficedula hypoleuca*）的實驗發現，掠食者的威脅能加強同伴之間的合作。[37]克拉姆斯在斑姬鶲雛鳥出生第十天的時候，將一隻假貓頭鷹放在兩個斑姬鶲鳥巢之間，面朝向其中一方，以便觀察受到貓頭鷹威脅的公母斑姬鶲和另一對公母斑姬鶲會如何行動。

觀察的結果是，毗鄰的斑姬鶲會和受到威脅的斑姬鶲齊心協力，攻擊掠食者

（假貓頭鷹），靠近掠食者的距離也相差無幾。這項實驗結束之後，相隔一個小時，克拉姆斯又將假貓頭鷹放在兩個鳥巢之間，不過這次面對的方向卻和上次相反，也就是將之前受到假貓頭鷹威脅的斑姬鶲和毗鄰的斑姬鶲對調，以便觀察斑姬鶲在受到幫助之後會如何反應。結果發現，有百分之八十的斑姬鶲會給予回報。克拉姆斯的觀察實驗結果顯示，當掠食者的威脅造成強烈緊張時，動物會表現出樂於合作的意願。也就是說，動物出於本能知道，合作才能減少個體所面臨的風險，有助於生存。

那麼人類又是如何呢？心理學家瓦納肯（Felix Warneken）和托馬塞洛（Michael Tomasello）以出生十七到十八個月的二十四名幼童為對象，讓他們執行各種簡單的作業。[38]他們讓成年人故意掉落筆或洗衣夾，假裝搆不到；或雙手拿滿東西，沒法開櫃門；或把書堆到一半，不小心碰倒……共十項作業，藉此觀察幼童會做出什麼樣的行為。

經過多次實驗的結果，幼童在十次中有五點三次會幫忙。另外經過分析，這二十四名幼童中有二十二名至少會幫助成年人一次以上。雖然有個別差異，但很難區別哪些幼童喜歡幫助別人，哪些幼童性格自私，絕對不會幫助別人。這個結果也暗示：合作是人類的本性之一。

我們都很清楚，當組織面對外來的威脅時，成員們會齊心協力，共同應對。儘管如此，還是有很多人侷限在「先加強內部競爭，才能在社會上提高競爭力」的思維中，所以甄試越來越難，企業要求的履歷比天還高。YouTube網站中，有很多美國人和英國人看了韓國大學聯考中的英語科目考卷，指責說「這出的什麼題目根本看不懂」、「難度過高」的影片。[39]這也算證明了信仰競爭所付出的社會成本，如今已達到極限。我們應該領悟到，「合作」對生命體和個人、組織和社會的益處，一點都不亞於「競爭」。

13 為什麼有人愛用舊物？

為何人們熱愛舊東西？復古流行現象的背面，有著超越「曾經的美好時光、過往回憶」的意義。透過有別於他人的選擇和消費，讓自己變得與眾不同，這就是人類的本性。

我有段時期沉浸在舊物魅力中不可自拔，例如就在寫這本書的期間，莫札特的室內樂從一九五八年生產的真空管收音機中流瀉而出。而放在桌上一角，一九八九年製造的麥金塔電腦裡進行著「打磚塊」遊戲。我的手腕上還戴著讀初中時人手一支的卡西歐電子錶，上面顯示著上午十點四十八分。

舊物帶人重返過去美好時光

週末在東廟或黃鶴洞（譯註：首爾市內專門銷售中古物品、二手貨的地區）的巷子裡繞一繞，只要發現掛鐘、電話機、算盤之類的舊物，就會高興地說一句「沒錯！當時用的就是這種東西」，繼而大肆採購一番。

為什麼有那麼多人喜歡舊物呢？就性能和設計來說，越新的東西絕對更出色，但為什麼一看到數十年前的舊物，就會連連讚嘆「真美啊！」，生出一股想擁有的欲望呢？難道是因為過去的東西造型設計上比現在的東西要來得精巧嗎？過去由於製造技術不發達，在造型設計上受到很多限制，但現在情況不同，相對來說可以隨心所欲構思新奇造型，所以一般來說，舊造型不見得更「好看」。

還有一種更高明的說法是，因為「老東西帶來的回憶打動人心」。不久前，我在 eBay 上挖寶，挖到三十六年前的隨身聽，心裡不知道有多麼高興。初中一年級時，腰上別著隨身聽，頭上戴著耳機，騎著自行車奔馳的景象，如電影般掠過腦海，所以我忍不住就買了。毫無疑問地，舊物的魅力就在於帶給我們一段重返過去的時光之旅。

從經濟學的虛榮效應看復古風

不過還有第三種說法也深具說服力，就是「老東西可以讓我變得與眾不同」。兩名消費心理學家假扮成服務員，進行接受顧客點購啤酒的實驗。啤酒有愛爾啤酒（Ale）、拉格啤酒（Lager）、淡愛爾啤酒（Pale ale）、野人夏日愛爾（Summer Ale-Barbarian）四種。服務員向客人說明各啤酒的口味和特色之後，接受訂單。

這時心理學家採取了不同的點單方式，一桌採用平常的方式，讓客人們輪番點啤酒，先點的人選了什麼啤酒，後面的人沒有不知道的。另一桌則採取寫在紙條上的下單方式，誰都不知道誰點了哪種啤酒。

心理學家對下單結果進行比較之後，發現有很大的差別。在別人都知道自己的選擇時，點同一種啤酒的情況較少，而寫在紙上時，點同一種啤酒的情況較多。當自己的選擇會暴露在他人面前時，人們就會盡可能不做出與他人相同的選擇，出現想有別於他人的「差異化傾向」。雖然傳統經濟學認為，人們購買與否，端視商品的品質和價格來決定，但其實我們的購買行為會在不知不覺中深受他人選擇的影響。類似這樣擁有的人越多就越不想買的現象，經濟學上稱為「虛榮效應」或「庸俗效應」。40

虛榮效應和復古風有何關係呢？如今，以造型設計和性能自豪的尖端產品多到隨時買得到，也已經廣為眾人所有。而且科技發展日新月異，今天買的東西，可能明天就算過時。若想透過物品顯露出自己的與眾不同，錢是一回事，還得經常高度關注時尚，真是令人頭疼的事情。

於是復古就成了與眾不同的最好手段。因為老舊或故障不得不丟棄的緣故，成就了舊物的稀有性隨著時間的過去越來越高。而且維護良好的舊物，價格會不斷上漲，也可謂一箭雙雕。這也就是為什麼吱吱作響的真空管收音機聲音，比人人都擁有的尖端音響更令人喜愛的原因。唯一的缺點就是得多花點錢罷了！

14 外表華麗的孔雀魚最先被淘汰

無論是個人還是組織，都明白變化和挑戰的重要性，但要確實實踐很難。維持現狀雖然帶來很大的安全感，但最重要的是無法確定對「生存」有多大幫助。而我們從自然界中學習到，不斷的自我革新和適應，才是最佳的生存戰略。

所有生物都在演化，不管怎麼說，演化的力量是存在的，只不過我們感覺不到它的威力，因為演化的速度十分緩慢。但與人類相比，在換代時間十分短暫的細菌世界裡，就能輕易觀察到演化的模樣。

雌魚約六公分、雄魚約三公分大的孔雀魚（Guppy），也是觀察演化過程的絕佳生物。雄魚身上有許多華麗花紋，色彩豔麗，主要作為觀賞用飼養。但華麗的色彩也常會引起掠食者的注意，也是生存上的不利因素。

孔雀魚因應環境調節身上的斑點數

生物學家安德勒（John Endler）想知道，如果故意施以「擇汰壓力」（selection pressure）的話，孔雀魚身上的花紋會出現什麼變化。[41]他分別在十八個不同的地點採集孔雀魚，放在自己所製造的溫室人工池塘裡飼養六個月。六個月對孔雀魚來說算是相當長的一段時間，所以在人工池塘裡的魚已經換了好幾代。安德勒先將這些人工飼養的孔雀魚分別安置在十個獨立的池塘裡，然後在其中四個池塘裡各放一條屬於掠食魚的慈鯛（Cichlids）和孔雀魚一起生活。接著在另外四個池塘裡各放進六條溪鱂（Rivulus）——溪鱂以浮游生物為食，對孔雀魚一點傷害都沒有。剩下的兩個池塘裡，只放了孔雀魚。

安德勒分別在六個月、十一個月、二十個月的時間點，從各池塘裡挑出數尾雄孔雀魚，確認雄魚身上的斑點數。安德勒發現，和慈鯛（掠食魚）一起長大的孔雀魚呈現身上斑點數逐漸減少的型態。相反地，和毫無危害的溪鱂一起長大的孔雀魚，以及單純在孔雀魚群裡長大的孔雀魚，身上的斑點數則比之前增加。一條掠食魚慈鯛的存在，二十個月的時間裡就讓孔雀魚身上的斑點消失，安德勒捕捉到了這個演化的過程。

安德勒懷疑，會不會是因為人為條件的營造才促使這樣的結果發生，因此他決定觀察野生的孔雀魚。結果如何呢？他把和慈鯛一起生活的百餘條孔雀魚搬移到只有溪鱂棲息的溪邊去，兩年後再度來到這條小溪旁發現，孔雀魚身上的斑點數平均增加了十到十三個，全身色彩也變得更加華麗。演化的力量促使雄孔雀魚在以華麗身軀誘惑雌魚，和避免被掠食魚吃掉之間，找到了平衡點，完成生存的最高目標。孔雀魚隨著掠食者出現，迅速啟動演化程序中的「適應」功能，是生態界隨處可見的普遍定律。

拒絕演化就等著被淘汰

從孔雀魚的適應和演化中，我們學到了什麼？就像生命體延續生存的祕訣就是不斷去適應環境一樣，我們也應該不斷地嘗試變化，適應環境。一種方法行不通，那就多試幾種，實驗再實驗。很多時候，過去行得通的方法，到了現在卻無法發揮作用。那種在「過去的成功經驗」上孤注一擲的行為，就像押上生死的賭博一樣，在沒有把握「一舉成功」的情況下蟄伏不動，態度非常保守。

就像拳擊手在致命一擊前會不斷出拳刺探一樣，先來幾個「突變方法」，再構思其他應對方式，不僅是適應環境的戰略，也是生態界的基本生存法。從之前一擊落空的失敗中汲取教訓，集中在已經證實有效的方法上，這才是適應環境、引領變化者正確的心態。

組織也是一樣，拒絕進步的企業、沉浸過去輝煌的企業、只會夢想以最佳戰略一舉致勝的企業……這些守舊、一成不變的企業還真多。一九八〇年代的ＩＢＭ，可說是上述情況的最佳例證。當時的ＩＢＭ雖然是引領時代的尖端企業，但這種地位反而成為發展的絆腳石。決策速度緩慢不說，產品上市日程總是一拖再拖，不然公司內部怎麼會流傳「不是ＩＢＭ釋出產品，而是產品等不及了自己跑出來」這樣的說法。

拒絕革新的個人和組織，也會如同外表華麗的孔雀魚最先被淘汰。就像地球上曾經存在過的許多物種中有百分之九十七已經滅絕一樣，拒絕進步的個人和組織會不會有一天也消失在歷史中呢？不去適應環境，就只能被環境淘汰。

15 矛與盾到底哪個最厲害？

我們的日常生活中很難區分「矛盾的情況」和「相反的情況」。然而在決策時最重要的不在區分這兩種情況，而是透過明確的分析和判斷，事先避開這兩種情況或乾脆消弭於無形。

從事諮詢顧問的工作以來，常常會聽到客戶公司的員工提出相反的意見。有天和某個職員面談時，對方一臉不滿地說：「執行長最寵愛的職員是A。」我把這句話記在手冊裡，翌日和另一位職員提起這件事來，但他卻說：「執行長最喜愛的職員是B。」到底誰的話正確，我一點頭緒也沒有，只好如實告知客戶公司的主管，詢問他的看法。這位主管皺著眉頭一臉困惑地說：「真是的，兩人看法正好矛盾。」此刻從他話裡迸出的「矛盾」一詞，讓我十分不解，心想：「怎麼說是矛盾呢？這明明不是矛盾……」

矛盾與相反的差異處

眾所周知，所謂「矛盾」一詞是武器的「矛」和盾牌的「盾」合成的詞彙，源自中國春秋戰國時代的故事。故事中的小販這麼喊著：「我的矛是最尖利的，再厚、再結實的盾牌也沒有刺不穿的。喔，還有呢！我這盾牌可以抵擋所有的矛。過來看看吶！小孩滾遠點，大人看過來。不管是什麼盾牌，這矛都能刺穿，不管是什麼矛，這盾都擋得住。來看唷！」話才說完，旁邊就有個看熱鬧的人插嘴說：「那用這支矛刺這面盾會怎麼樣？你說話前後不符，就是個大騙子。」

從這個故事來看，前述公司主管所判斷的「矛盾」，到底是不是正確？雖然稍微有點難懂，不過邏輯學上對「矛盾」的定義是這麼解釋的：「兩種陳述不能同時為真，也不能同時為假。」這矛可以刺穿所有的盾、這盾可以抵擋所有的矛，這兩種陳述不能同時為真，也不能同時為假，所以是矛盾的。

然而「執行長最寵愛的職員是A」和「執行長最喜愛的職員是B」這兩句話不是矛盾，而是「相反」。相反在邏輯學上的定義是這樣的：「兩種陳述不能同時為真，可以同時為假。」如果執行長真正寵愛的職員是C的話，那麼兩種陳述同時為假。因此嚴格來說，兩者彼此為相反的陳述。所以這位主管認為A和B說法「矛盾」是錯誤的。

不容矛盾的決定性實驗

若兩種陳述相互矛盾，該如何做才能知道哪個是正確陳述呢？就像看熱鬧的人所建議的，拿矛刺盾，就可證明哪句話是對的，科學界將此稱為「決定性實驗」。這種說法是十七世紀科學家，也是經驗主義哲學家培根（Francis Bacon）所提出的。這個詞彙的意思看起來很難懂，其實是一個非常單純的概念。這個實驗是只要結果一揭曉，就能大喊一聲「別動！」，瞬間擺平所有爭議，讓他人沒有置喙的餘地。

決定性實驗最具代表性的例子，就是伽利略的自由落體實驗。伽利略在比薩斜塔（也有人說不是這裡）上所進行的這項實驗，讓科學界領悟到實驗有多麼重要，吹起科學革命的號角。伽利略主張，同一高度落下的兩個物體，即使重量不同，也會同時落地。但當時人們所信仰的，是亞里斯多德「重物應當比輕物落得更快」的理論。亞里斯多德認為，物體之所以會落地，是為了在宇宙中找到自己適當的位置；而物體之所以會飛上天空，乃是因為物體前方的空氣瞬間移動到物體後方之故。他所建立的理論，現在想想還真荒謬。即使在亞里斯多德死後兩千年的中世紀時代，他的理論依然支配著人們的思考方式。

伽利略是否真的公開進行了自由落體實驗，地點是否就在比薩斜塔，學者眾說紛紜，但掀起了「以實驗為基礎」的科學革命這一點，是無庸置疑的。我們為什麼必須研究科學，不就是為了將這樣的矛盾消弭於無形嗎？

16 加班是毒藥，睡覺是補藥

晚上不睡覺，一味窩在書桌旁，不見得就能提高成績或完成一篇報告。因為睡眠不足的大腦，就跟喝了酒沒兩樣。雖然是老生常談，但充足的休息和集中精神，才是提升效率的祕訣。

上班族很多時候別說準時下班，晚上十點以後還在加班的日子也不少。就業入口網站「JobKorea」和「Albamon」以上班族為對象所進行的問卷調查，結果顯示百分之五十一點五的受訪者不能正常下班而必須加夜班。[42]像這樣天天加班，當然會被睡眠不足所困擾。某項調查結果也顯示，上班族的平均睡眠時間比建議睡眠時間少了兩個小時，僅為六小時六分鐘。最大的原因，推測是加班使然。[43]

如果因為加班使得睡眠減少，身體上會出現什麼問題呢？心理學家芬恩（Kimberly Fenn）博士要求參加實驗的人背誦成對的兩個單詞，其中不睡覺的人就比有睡覺的人更容易忘記背過的兩個單詞。[44]

大腦在睡眠期間也毫不停歇地處理訊息，因此睡眠對記憶力絕對有利，而非有害。根據一項調查結果顯示，學校成績在B以上的學生，比C以下的學生平均多睡了二十五分鐘。

三星首爾醫院的朱恩連（音譯）博士以五名健康的二十多歲男性為對象，進行了「剝奪二十四小時睡眠」的實驗，結果也很有趣。[45]參加者在二十四小時沒睡的狀態下接受認知能力評比，發現問題越難，錯誤率也越高。尤其是在高難度問題上，錯誤率比被剝奪睡眠前要高出百分之六十二。俗話說「四當五落」，意思是睡四個小時能上榜，睡五個小時就落榜，如今這句話該改為「四落五當」了。當然，五個小時也不能算是很充裕的睡眠時間。

睡眠不足就跟喝了酒一樣

美國哈佛大學醫學院的睡眠醫學教授切斯勒（Charles Czeisler）說：「二十四小時不睡覺，或一個星期每天只睡四到五個小時，會出現相當於血液中酒精濃度為百分之〇點一的身體障礙。」將睡眠不足比作了酒後駕駛。[46]血液中的酒精濃度達到百分之〇點一的話，是依法吊銷駕照的數值。如果有員工因為過重的工作把加班當飯吃的話，就等於一整個星期喝了足以吊銷駕照的酒量。就拿醫院的實習醫生來說，如果二十四小時不停地工作，用手術刀或針頭誤傷自己的機率就增加百分之六十一，發生車禍的機率增加百分之一百六十八，造成一觸即發情況的可能性更增加百分之四百六十。[47]

但加班越多，工作也做得越多，生產效率不就越高嗎？然而心理學家韋格納（David T. Wagner）卻認為，加班是妨礙生產的主犯。[48]他讓九十六名學生在睡前戴上可監測睡眠狀態的手環，第二天早上在讓他們觀看應徵教職的人所錄製的四十二分鐘教學影片，請他們用電腦評價應徵者的授課能力。學生所使用的電腦和網路相連，所以在觀看教學影片的同時，隨時能上網偷看別的東西。之後韋格納分析學生的注意力集中度，結果發現前一天晚上睡得越少或睡眠品質越差的學生，就越容易上網做別的事情。

睡眠不足會造成大腦迴避需要大量用腦的事情，傾向減輕認知能力的負擔，整體上降低了生產效率。一般人總認為，頻繁加班雖然疲累，但可以提升生產效率，提高業績。這種觀念是不正確的，頻繁加班反而是啃食生產效率的害蟲。

午睡的價值遠超過數百億韓元

讓員工準時下班，有良好的休息和睡眠，對生產效率來說絕對是一大利益。若有不得已的苦衷非加班不可的員工，讓他們有時間睡個午覺，也是一個快速恢復生產效率的好方法。這從NASA的羅斯金德（Mark Rosekind）博士和美國聯邦航空局（FAA）所共同推動的實驗中就能得知。[49]執行夜間飛行任務、平均午睡二十六分鐘的飛行員，在清醒測試中的平均反應時間快了百分之十六。相反地，不睡午覺，接受清醒測試的飛行員，反應時間則慢了百分之三十四。這個結果顯示，比起為了提高生產效率品質，終結加班的惡性循環，而花費數百億韓元購買系統的措施，讓員工睡個午覺顯然更有價值。

切斯勒建議，除了制定飲酒、吸菸、性騷擾等相關規則之外，也應該明確規定睡眠的相關行為準則，並切實遵守。一天工作盡可能不要超過十二個小時，更不應該發生一天連續工作十六個小時以上的事情。一天務必休息十一個小時以上，一週工作時間也不得超過五十二個小時。他指責：「不該讓員工每週工作一百個小時、無法得到充分睡眠的企業文化正當化。」近來人們力圖採用有智慧的工作方式，但尖端科技和系統並不能保障一個智慧工作環境，「取消加班」和「保障充足睡眠」才是最聰明的作法。「加班是福氣」這種愚蠢的想法，是時候該捨棄了！

17 機率如何妨礙合理判斷

人類對偶然的巧合會感到怪異，但忽視機率的可能性、僅憑直覺的態度，會讓我們做出錯誤的判斷。從機率上來推敲，是客觀分析事物和現象的基礎。

假設擲了十次骰子，每次的結果都是6。現在，只要猜對第十一次擲出的數字，就能得到該數字乘以一萬韓元的獎金，您會選擇哪個數字？

當被問到這個問題時，相當多的人不會選擇6，而是選擇其他的數字。因為連續十次的結果都是6，第十一次又出現6的機率幾乎為0，而且這些人可能也認為只有出現其他數字，才可以糾正誤差統計吧。然而，第十次出現6，和第十一次出現6，在機率上來說是兩件「獨立」的情況，骰子絕對不會記住第十次的結果是什麼，只有擲骰子的人才記得。

圖一

圖二

樹的位置要放在哪裡才算自然？

如果是一個正確理解機率的人，一定會賭第十一次的結果是6。連十次都是6，這有可能出於偶然，但是認為骰子的重心偏移，所以第十一次出現6的機率會高於六分之一的想法，才是合理的。另外在這個遊戲中，猜中「6」可以得到的獎金，比猜中其他數字的獎金要高，所以押「6」是最有利的。但是我們為什麼要使用無法記憶的骰子來賭博呢？

偶然的巧合是不自然的吧？

請在上圖中選擇自己喜歡的圖畫，並思考喜歡的理由。圖一是一棵樹位於兩個山坡中間，圖二是一棵樹的位置比較靠近另一側山坡。

這個例子是出自腦科學家拉瑪錢德朗（Vilayanur S. Ramachandran）小時候被美術老師責罵「把樹放在兩個

山坡中間很不自然」的軼事。[50]

可能大多數的人會認為圖二比圖一自然，若要選一幅掛在牆上，大概也會選圖二，因為他們會覺得圖一很不自然，為什麼非要把樹畫在兩個山坡的中間？但是圖一和圖二發生的機率其實是完全一樣的，兩座小山坡的存在與樹木的位置是相互獨立的事件，樹木並非考慮到山坡的位置才選擇自己生長的位置。圖一和圖二都是偶然形成的事件，但人們普遍犯了認為圖二比圖一更自然，實際發生機率也更高的錯誤。

拉瑪錢德朗表示，之所以會出現喜歡圖二的傾向，乃是出於本能上對「巧合」的厭惡。在選擇彩券號碼時，即使「1、2、3、4、5、6」出現的機率和「2、16、21、24、33、42」出現的機率是相同的，但前者卻被視為一種「偶然的巧合」，所以大多數人都不會在彩券選單上填寫「1、2、3、4、5、6」。

讓我們再看一個足以證明對機率有多無知的例子。數學家葛登能（Martin Gardner）藉由一個可笑男子的故事，指出了我們的無知。[51]經常搭乘飛機的某男子由於深深恐懼有人會攜帶炸彈上飛機，於是就自己把去掉了雷管的炸彈帶在背包裡。因為他認為攜帶炸彈通過嚴格安檢上飛機這件事本身就不太可能發生，而且一架飛機上出現兩名炸彈客的情況，更是極不可能發生的事情。

他的想法很有道理嗎？還是很可笑？自己帶著炸彈和別人帶著炸彈，是「各自獨立」的事情。簡單地說，兩件事彼此之間毫不相關。

獨立事件與機率的關係

職棒解說員在評論時，往往會暴露出他們對機率的無知。假設有一名打者，已經三次上場打擊，都被三振出局，現在第四次站上打擊位置。解說員彷彿就在等待這一刻似地說：「呃，這位選手的打擊率三成二，前面已經連續三次被判出局，這次一定會來個安打。」理由是這名選手如果出場打擊十次，就可以敲出三次以上安打，既然已經出場打擊三次，每一次球棒都落空，所以現在可以想像他會擊出安打。安打率三成二，是從賽季初到該場比賽前，該名打者的平均成績計算出來的數據，並非每次他站上打擊位置擊出安打的衡量標準。

他第四次上場打擊，擊出安打的機率依然是三成二，不能因為他已經三次被三振出局，第四次打擊敲出安打的機率就上升到百分之百。三次上場打擊都被三振的打者，第四次上場打擊被三振的機率依然很高。因為很有可能當天他的狀況最糟，或碰上了對方派出十分厲害的投手。

如果在骰子的六面上，三面塗紅色、三面塗綠色，然後擲骰子，假設第一次嘗試結果為「紅、綠、紅、紅、紅」，第二次嘗試結果為「綠、紅、綠、紅、紅、紅」。哪個是實際上較容易發生的情況？獲得諾貝爾經濟學獎的心理學家康納曼（Daniel Kahneman）和特沃斯基（Amos Tversky）所設計的實驗中，大部分的人選擇了第二次。[52] 因為人們總有種錯覺，認為紅綠均勻混合出現的情況「更常發生」。但仔細觀察，第二次的情況只不過是在第一次情況的前面多加了一個「綠」而已，所以認為第一次情況發生的頻率更高，才是合理的判斷。

大多數的人都像這樣，認為骰子會記住之前擲出的數字，並且在這個基礎上調整未來擲出的數字，甚至相信可以依靠骰子先前擲出的數字來預測未來。對機率的無知造成判斷錯誤，判斷錯誤則導致失敗。初、高中的基礎數學有好好學習的話，就不會一再犯下這樣的錯誤。

18 股神巴菲特也愛用的公式

「凱利公式」告訴我們如何長時間享受賭博遊戲的樂趣。然而賭博是走向家破人亡的捷徑，所以您對這種公式一點興趣都沒有，真的嗎？但全球知名的投資客巴菲特（Warren Buffett）在決定投資的時候也參考了這個公式，所以這公式難道不值得關注嗎？

這裡是建立在沙漠中的一座巨大城市——拉斯維加斯。在高低起伏的建築中，燦爛閃爍的霓虹燈和百樂宮酒店（Bellagio Hotel）連日舉辦的噴泉秀，讓遊客的心激動不已。眾所周知，拉斯維加斯是賭城，就算揣著口袋裡的閒錢十萬韓元去賭博，也不會有人責怪。十萬韓元全輸光了也沒關係，反正就是抱著輸錢的目的而來。只不過大老遠跑來賭城，能多點時間享受賭博的樂趣該有多好！既然如此，不管選擇哪種遊戲，千萬不要一次就把十萬韓元全部押進去，要分批下注才行。

延長享受賭博樂趣的公式

那麼一次下注的金額該設定多少，才能延長享受賭博樂趣的時間呢？此時浮現腦中的公式，應該就是在貝爾研究所任職的物理學家凱利（John Kelly）所研發出來的「凱利公式」（Kelly formula）。[53]這個公式可以告訴我們每次下注該投入多少金額、每次下注可以從手裡的錢拿出多少百分比做為賭資，是非常有用的參考。凱利建議，若想延長享受賭博樂趣的時間，每次下注時可以押上百分比如下的金額：

現有資金進行下次投注的比例＝ {p (b+1)-1}/b

這裡 p 是指在遊戲中獲勝的機率，b 是指投注可得的賠率。賠率通常以「b:1」的形式來表示，這意味著下注 1 元時，如果在遊戲中獲勝，就可以得到 b 元。例如，假設不管是二十一點還是輪盤遊戲，輸贏機率均為百分之五十的話，賠率就叫一比一。代入凱利公式中，為了盡量延長享受遊戲樂趣的時間，每次投注金額如下：

現有資金進行下次投注的比例 (%)={0.5×(1+1)-1}/1=0%

這個結果是在遊戲中獲勝的機率為百分之五十的話，那麼每次遊戲的投注金額應該為手中所擁有金額的百分之〇。換句話說，就是「不要賭博」的意思。其實贏率百分之五十，已經算是訂得相當有利了。因為賭場為了盈利，通常會把賭場贏率設定為略高於百分之五十。

以「花旗骰」（Craps）為例，賭場贏的機率比賭客大了百分之一點四二。那麼如果套用凱利公式的話，每場賭局要投注的金額就成了負數，因此不只是不要進場賭博，反而還應該向賭場收錢才對。當然，那是不可能的事情，所以乾脆就不要涉足賭場，或者乾脆盡情享受賭場內提供的免費服務就好。

凱利公式讓人從投資百分之百成功的盲目信任中醒來

但是到拉斯維加斯的目的，不是為了贏錢，而是享受賭博的樂趣，因此就算贏率只有百分之五十，難道不能在此基礎上再追加百分之三，讓贏率成為百分之五十三嗎？我們可以把百分之三當成是賭博所提供的樂趣和驚心刺激。把這代入凱利公式的話，每場賭局所投注的金額如下：

現有資金進行下次投注的比例 (%)={0.53×(1+1)-1}/1=6%

意思就是說，如果揣著十萬韓元到賭場的話，第一局可投注的金額是六千韓元，而下一局也投入手上所剩金額的百分之六即可。以這種方式持續下注的話，最後雖然輸掉了全部的十萬韓元（時間一長，就不可能贏過賭場），卻因此盡可能延長享受賭博樂趣的時間。

怎麼突然間冒出賭博的話題，讀者們一定會感到惶惑不解，但凱利公式是決定投資意向時一個深具意義的提示。投資在某種意義上也算是賭博，不管是股票還是房地產，很多人都「意圖相信」投資的成功機率為百分之百，凱利公式可以幫助人們從這種盲目的信任中覺醒過來。

投資的成功機率有多大，事前當然無法得知，但若能套用凱利公式的話，在決定投資的當下，就能獲得重要的參考標準。舉例來說，假設投資成功率為百分之六十，投資額為一單位，可能獲得的淨利為百分之百（即，若 b:1 為 1:1 的話），套用凱利公式所推算出來的答案如下：

最初投資金額＝ $\{0.6\times(1+1)-1\}/1=0.2=20\%$

一旦得到正值，表示可以進行投資，但不代表一次就把資金全部投進去，而是一開始只投入全部資金的百分之二十就好。也就是不要投入全部資金，而是秉持「前導測試」（pilot test）的概念，只動用百分之二十的資金付諸具體行動，接下來等有正面結果出現之後再追加投資。

凱利公式是股神巴菲特也愛用的決策方式，所以學了遲早會派上用場，千萬別逞孤注一擲的匹夫之勇。

19 沒有二氧化碳，人無法呼吸

想得到就必須懂得先付出，我們的呼吸機制也與此類似，因為人不是單靠吸入氧氣就能維持生命。我們的身體只有在血液中的二氧化碳濃度升高時，為了排除二氧化碳，才會供氧給細胞。

國際公認的泳池長度為五十公尺，假設您現在接到的任務是以潛泳方式一口氣游到對面，想像一下當您站在出發臺到抵達終點之前有多麼地喘不過氣來，「中途應該會迫切想放棄潛泳，把頭伸出水面來喘口氣吧？噢，一定很痛苦！」如果您是這麼想的話，出發前必然會想著多吸一點算一點，盡可能大口吸入氧氣。

於是您身體後仰，開始用力地深呼吸。其他選手正甩甩頭，轉轉肩膀，做熱身運動，並沒有像您一樣熱中於深呼吸。您心想：「真是一群笨蛋，要像我一樣深呼吸才對，到底在幹什麼？」接著，預備信號響起，選手們弓身等待出發槍聲響起的時間裡，您還鼓著雙頰，繼續深呼吸。砰！出發訊號終於響起，包括您在內的選手開始潛泳。入水的那一瞬間，您對勝利充滿信心，臉上露出了笑容。

咦，怎麼出發才沒多久，您就感到一股喘不過氣來的痛苦，再也無法繼續。「噢，奇怪？不應該會這樣啊……」您想再忍一忍，但已經開始出現窒息感，再也無力前進了。出於本能，您把頭伸出水面吸了一口氣，一面用力喘息，一面驚訝地看著遠方其他選手像海豚一樣在水下身姿優美地潛泳。當下您不禁懷疑：「我這麼努力地深呼吸，到底哪裡出了錯？」

二氧化碳不足，細胞會缺氧

不管我們再怎麼努力深呼吸，血液中的氧氣濃度也不會增加，反而會因為過度呼吸，造成動脈血液中的氧氣減少。為什麼會這樣呢？將氧氣從肺部輸送到細胞的蛋白質稱為血紅素，這種物質本身的含氧率已經達到百分之九十八左右的飽和狀態，因此不管再怎麼大口呼吸，也不會讓含氧率上升到百分之百。還有，過度呼吸只會讓體內二氧化碳加速排出體外，妨礙血紅素供氧給細胞。這是什麼意思呢？人類和動物不都一樣是吸入氧氣，呼出二氧化碳嗎？難道不是越快將二氧化碳排出體外，才能吸入越多的氧氣嗎？怎麼說氧氣量增加，反而會妨礙氧氣供應呢？

研究量子力學基礎的丹麥物理學家波耳（Niels Bohr）的父親克里斯蒂安・波耳（Christian Bohr），是一位在生理學領域表現卓越，不亞於兒子的學者。他專注研究漂浮在血液中將氧氣輸送到各細胞的血紅素特性，結果發現血紅素的活動受到二氧化碳濃度的影響。54 換句話說，如果血液中二氧化碳濃度變低的話，血紅素的活動就會下降，無法正常進行輸送氧氣的任務。

血液中二氧化碳增加時，血液就會變成酸性，血紅素才會受到「喔，就是現在！」的刺激，將所攜帶的氧氣載送到細胞裡。但是過度呼吸會造成血液中沒有足夠的二氧化碳，致使血紅素也不會將所攜帶的氧氣卸放在細胞裡。這種現象，就以波耳的姓氏命名，稱為「波耳效應」（Bohr effect）。

如果世界上沒有二氧化碳……

沒有氧氣，人類當然活不了；但沒有二氧化碳，人類就無法呼吸。迄今為止，二氧化碳一直被視為是必須排出體外的廢棄物，但在維持血液的酸度上，二氧化碳是不可或缺的氣體。因此，在維持生命上，氧氣和二氧化碳都是必不可少的。

由於化石燃料使用量激增，空氣中二氧化碳的濃度增加，隨之引發溫室效應、地球暖化等嚴重的副作用，因此我們對二氧化碳抱持否定的看法。但若沒有二氧化碳，我們不僅無法享受口感超爽的碳酸飲料，也無法暢飲低咖啡因的咖啡，因為低咖啡因咖啡就是利用二氧化碳為溶劑去除咖啡因的。所以如果只將二氧化碳單純理解為呼吸作用的廢棄物，那麼現在有必要修正這種想法了。

在呼吸機制上，氧氣和二氧化碳就像一枚硬幣的正反兩面，讓我們聯想到牛頓第三運動定律——作用力與反作用力定律。正如「挑戰和謙虛」、「熱情和節制」、「擴大外延和鞏固內涵」等道理所告訴我們的一樣，相互牴觸的品德也是缺一不可的。

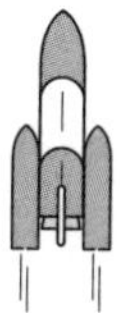

第二部

改變自己，心想事成的科學技巧

20 如何擺脫三分鐘熱度

輕言放棄的人，其特點之一就是目標意識過強，反而給自己造成負擔和壓力。如果將攀越巔峰作為目標，可以採取逐步征服三、五、七個山脊的方式前進，總有一天必能抵達山巔。

每到年初，人們總是自信滿滿地在日記上寫下學習英語、減肥、戒菸等目標，相信大家每年都會訂出野心勃勃的計畫。但那些計畫在去年的日記本開頭也提到過，很有可能還會裝飾在明年日記本的第一頁。這些下定決心才實行了三天就宣告死亡的計畫，每年像殭屍一樣死灰復燃。要怎麼做才能從「三分鐘熱度」的陷阱中掙脫呢？讓我們從心理學的角度來尋找答案。

我們往往勸告那些訂下難以達成的目標的人要「拋開雜念，專注目標」，但是這些建議如果讓人聽了感到氣餒就行不通。心理學家費須巴赫（Ayelet Fishbach）

說：「專注目標，反而更難實現目標。」。[1]他把到體育館運動的人分成兩組，告訴其中一組，將念頭專注在運動的成果上再開始運動，例如「我是為了減肥而運動」；另一組則讓他們專注在「我先做伸展運動，然後在跑步機上跑步」的念頭上開始運動。

訂目標時列出具體條件

仔細觀察參加者實際運動的時間後發現，專注在運動成果上的人，比專注在運動過程中的人，運動時間少了十分鐘左右。也就是說，如果將精力專注在成果上，反而無法持久。「專注成果」、「描繪美好的成果」等忠告，會讓目標更難以實現。實際上，對馬拉松比賽的跑者來說，最好的忠告不是「想像你跑完全程時的風光」，而是「專注你的每一步」。

在提升動力、實現目標的方法中，效果最好的是將目標轉換為條件句。心理學家哥爾韋策（Peter Gollwitzer）對A、B兩組學生下達指示，要他們決定在聖誕節連假期間各自非做不可的兩個課題。[2]對於A組的學生，還追加要求他們提交會在「何時」、「何處」付諸實行的計畫；而對於B組的學生，只規定了課題。聖誕節連假結束後，檢查學生的課題完成度時發現，具體設定時間和地點的A組，在高難度課題的完成度上，比B組更高。由此可知，在制定目標時，如果將目標轉換為像「什麼時候開始執行」、「在哪裡執行」這樣具體的條件句，成功率就會大大提高。如果制定了減肥目標，可以像「如果看到炸薯條，就轉身離開」的句子一樣，採取「如果X，就Y」的形式，將目標改成條件句，就能掙脫「三分鐘熱度」的陷阱。

先進行五分鐘再說

目標太多，野心太大，也助長了「三分鐘熱度」。香港科技大學商學院道爾頓（Amy N. Dalton）教授對一組參加者只給了一個目標，對另一組參加者則指示「愉快地讀書」、「吃健康美食」、「給沒通話過的人打電話」等六個目標。[3]經過五天的觀察，指定了六個目標的參加者完成度相對較低，對目標的投入度也較低。原因何在？目標多的話，「什麼時候才能完成這麼多的目標？」這樣的想法會讓人倍感實現目標的困難，於是精神就會分散到目標之外的事情上。所以如果您已經制定了好幾個目標，那麼建議您最好馬上減到三個以內。

就算只建立一、兩個目標，像是「戒菸」或「減肥」等等，就需要莫大的意志力和能量，這時若採取「得寸進尺」的戰略，將會大有助益。美國哥倫比亞大學商學院講座教授吉維茲（Ran Kivetz）準備了以下兩種咖啡兌換券：集滿十個章就能免費換一杯咖啡；和集滿十二個章才能換一杯免費咖啡，不過十二格的優惠券上提前蓋好了兩個章。[4]他隨機分發兩種咖啡兌換券給學生，觀察學生在兌換到免費咖啡前會花費多長時間。同樣是集滿十個章就能兌換免費咖啡，但拿到兌換券上已經蓋了兩個章的學生，以快了百分之二十的時間喝到了免費咖啡。

拿到提前蓋上兩個章的十二格兌換券時，在「已經集了兩個」的想法下，產生想集滿全部印章的動力。相反地，看到一個章都沒蓋的十格兌換券時，首先想到的是：「這些空格什麼時候才能蓋滿？」於是不是中途放棄，就是花費較長的時間才兌換到免費咖啡。如果把減肥當作目標，今天穿上衣服量體重，明天脫光衣服量體重，然後騙自己：「哇，我已經減了兩公斤，再減掉十公斤就行。」這方法如何？雖然耍了小聰明，但對提高減肥動力還是很有效的。

雖然讀書、慢跑、寫日記等都是對生活有益的習慣，但真要開始時，又該怎麼做才能實現被「偷懶主義」束縛了手腳的目標呢？這時就要活用「五分鐘定律」，先下定決心「只讀五分鐘，然後就毫不留戀地闔上書」後再開始讀書，或許過了十分鐘或一個小時之後，會發現自己還在讀。每當偷懶主義上身時，大喊「五分鐘就好」，那麼明年日記本的第一頁，應該就會寫上其他的目標了。

21 避免壓力的妙方

壓力被稱為萬病之源，但韓國的一個研究小組卻宣稱「壓力無從克服，避開壓力源頭才是上上策」，並且強調若無法避免，不要試圖「克服」壓力，而是要「控制」壓力。

每個人都希望擁有健康的生活，所以在不知不覺間對「樂活」、「幸福感」等術語變得非常熟悉。有越來越多人願意購買價格稍貴的有機食品，只要電視上報導某種食品有益健康，隔天馬上開始熱銷。該怎麼做才能享受健康的生活呢？很多專家都異口同聲說，最重要的是「不要有壓力」。

那麼，該怎麼消除壓力呢？吃得好、多運動就行了嗎？這雖然也是不錯的方法，但卻不是根本的解決之道。因為在承受了一整天的巨大壓力後，光靠吃頓美食或到健身房運動一個多小時，累積的壓力也不會減少，韓國浦項工科大學的金景泰

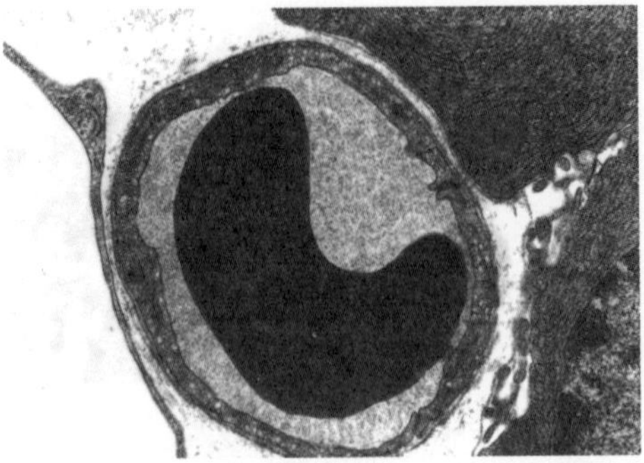

我們的壓力激素就累積在囊泡裡。

教授（Kyong-Tai Kim）證明了這一點。[5]他所發表的研究結果指出，壓力只會被累積在身體中，不能靠運動或旅行來消除。當一個人受到反覆刺激時，細胞內的「囊泡」（vesicle，體積相對較小的細胞內囊狀構造，負責儲存、消化和傳送激素；激素也就是俗稱的荷爾蒙）數量不斷增加，壓力激素的分泌量也會隨之增加。另外他也提出勸告，不要想藉著美食和激烈運動來克服壓力，最好還是盡量避免壓力的產生，也就是避開導致壓力產生的源頭。

自發性掌控環境變化可避開壓力

但要如何避免壓力呢？在回答這個問題之前，先來了解一下壓力是怎麼產生的。生物學家魏斯（Jay Weiss）在實驗中將老鼠分為兩組，以鋪設在地面上的電線施加電擊。[6]A組的籠子裡安裝了一個可切斷電擊的開關，但B組的籠子裡則沒有。

多日的電擊之後，A組的老鼠依然圓滾滾的，健康狀況良好。反觀B組的老鼠，大部分罹患胃潰瘍，有些老鼠甚至以萬念俱灰的模樣躺著，任由電擊施加在身上。兩組都在一定的時間裡接受等量的電擊，為什麼會出現這麼大的差異呢？因為A組的老鼠擁有可切斷電擊的開關，換言之，對環境變化擁有最起碼的「控制力」。擁有控制力的老鼠體內會產生更多的抗體，可以預防疾病。魏斯的實驗所具有的意義，就是讓我們知道，失去控制力是產生壓力和免疫力下降的主要原因。

失控就無法戰勝壓力，不只是身體上，連智力也會受到影響。這次是將人分為兩組進行實驗，在播放噪音的情況下，讓參加者解數學難題，但A組所坐的桌子上安裝了可以關掉噪音的開關，B組則無。實驗結果顯示，擁有開關的A組參加者解題數多出五倍，錯題數也很少。這是因為他們只要一聽到噪音就按下開關關掉，所以成績自然較好。真的嗎？實際上整個實驗過程中，A組參加者只使用了一次開關，比起開關的使用頻率，反而是在心裡抱著「只要下定決心隨時能隔絕噪音」的想法本身，讓他們阻斷了壓力。

健康的生活來自控制力

控制力是左右壓力產生的變數，不管是精神上的健康，還是肉體上的健康，不失控、保持良好狀態，就是管理壓力的關鍵。換句話說，健康的生活來自控制力。辛苦的日子過久了，就會迫切希望享清福，但這種時候也同樣承受著來自愧疚和後悔的壓力。「歲月如梭，過去我都做了些什麼？」的嘆息，源自「以前只知道在外面鬼混，沒有好好掌控自己生活」的後悔。同樣地，在憤憤不平地說出「我想工作，為什麼不讓我工作」之際，已經將生活的控制權從自己手上交給了別人。此刻，壓力也油然而生。

控制力是在有明確目標的情況下才得以維持，事情無論大小，「有目標」和「沒目標」，不僅在結果上、在做這件事時所承受的壓力上，也都不相同。就算事情繁瑣艱難，就算是受到外部壓力不得不做，若能在其中尋找自己可以掌控的目標和價值，就是保護自我健康和智能的最好方法。想要活得健康，就要自主掌控生活。只要下定決心，隨時可以找到唯有自己才能掌控的開關。

22
有益處的活動使身體產生好的激素

洗澡既是人們喜愛的緩解壓力方法，也是休息方法之一。因為只要身體乾淨了，心情也會輕鬆起來。如果我們的大腦也能沐浴的話，就能消除疲勞，這就是以「多巴胺」（dopamine）激素來沐浴的方法。

有一天持續了整個週末的研討會結束之後，與工作人員一起聚餐，還一同去觀看了電影《進擊的鼓手》（Whiplash）。坦白說，進電影院前已經有「累得要死還看什麼電影？」的想法。坐在電影院時，開始暗自後悔，廣告播放期間，甚至打起瞌睡來。

但當我陷入緊張的故事情節和激烈的鼓聲中之後，疲勞一掃而空，走出電影院時，就像全身在清涼的水中沐浴過，大腦也變得十分舒爽。工作人員也感到很驚訝，起初還嚷著「太累了，要回家」的工作人員，出了電影院之後都一臉清醒，甚至拉著我的手臂邀我再去喝兩杯。

「多巴胺」讓人體驗快樂和幻覺

這到底是怎麼回事？原因就在被稱為天然毒品的「多巴胺」分泌上。多巴胺是一種激素，可以讓人體驗快樂和幻覺。加拿大馬吉爾大學（McGill University）認知神經科學家查托雷（Robert Zatorre）曾發表研究結果表示，飲食、運動、性愛以及音樂，都能促進多巴胺的分泌。[7]尤其是在我們期待音樂達到最高潮的時間裡，大腦被稱為「尾核」（caudate nucleus）的部位就會分泌多巴胺，當音樂達到最高潮的一刻，大腦的「伏隔核」（nucleus accumbens）同樣會分泌多巴胺。

如果把和我一起觀賞電影的工作人員的大腦，用功能性磁振造影儀（fMRI）進行掃瞄的話，就可以清楚觀察到在主角擊鼓的節奏由慢逐漸加快到幾乎看不見手的情節高潮時，大腦所分泌出的旺盛多巴胺。此外，電影之所以能夠讓大腦沐浴在多巴胺之下，是因為大家都不排斥爵士樂的緣故。根據查托雷的研究，當您聽到自己不喜歡的音樂時，多巴胺的分泌就不會活躍起來。

「催產素」誘發信任感

屬於神經傳達物質的激素，既支配人類的行動，也會隨著人類的行動改變數值。比利時的一個研究小組在參加者的鼻端噴灑名為「催產素」（oxytocin）的激素之後，進行了「信任遊戲」。[8]在這項遊戲中，如果參加者把自己所拿到的錢分給同伴，就能夠獲得該金額三倍的錢；但是如果不相信同伴，不把錢分給同伴也沒關係。遊戲結果顯示，鼻端噴灑了催產素的參加者更信任對方，因為他們把更高金額的錢分給了同伴。研究小組得到的結論是，催產素雖然不是能讓人無條件相信對方的靈丹妙藥，但在特定條件下可以提高信任感。

神經經濟學（譯註：結合神經科學、心理學及經濟學，透過腦科學的技術與儀器，觀察人類進行決策的行為模式，進而預測人們的經濟行為）學者扎克（P. J. Zak）表示，催產素數值會隨著人類的行為而出現變化。[9]他讓參加者事先測量彼此的可信度之後，進行信任遊戲。從決定好分配金額的參加者血液中提取的激素數值進行分析的結果顯示，分享金額越高的參加者，血液中催產素的濃度就越濃。換言之，對對方的信任度越高，催產素分泌就越旺盛。

催產素不僅能促進情緒的穩定，提高默契，加強團結，還能刺激前述的多巴胺分泌。催產素是一種有助於建立信心並最大化彼此利益的激素。信任促使催產素分泌，催產素又促進了彼此的收益增加，收益的增加再次增強了雙方信任，形成了一種良性循環。

「皮質醇」保護身體免受壓力之苦

相反地，如果不被信任會如何呢？喪失信任會為雙方都帶來壓力。當受到壓力時，我們的身體會在自我保護的機制下釋放皮質醇（cortisol）激素，以減輕痛苦，製造能量。但長期承受壓力，長時間暴露在皮質醇的作用下，則會削弱免疫系統，造成一個人始終處於緊張狀態，導致注意力無法集中、神經過敏等反效果。

臨時抱佛腳學習的內容，考試時卻忘得一乾二淨，原因也在皮質醇。為了保護身體免受壓力之苦所分泌的皮質醇，會降低記憶力。這也從科學角度說明了為什麼一個經常不受到他人信任、長期處在壓力之下的人，也無法期待他能取得巨大成果的原因。大概就是了解到這一點，所以吸收暴走族和問題青年成為員工，將他們培養成優秀技師的日本樹研工業會長松浦元男曾經說：「承認彼此的權利，給予對方無條件的信任，這就是（經營者的）義務。」10

體驗了「多巴胺浴」效果的我，幾天後又去看了一次電影《進擊的鼓手》。聽說多巴胺的分子結構類似毒品，我可能已經對音樂上癮了吧。

23 早鳥族和夜貓族誰比較容易成功？

您是早鳥族還是夜貓族？沒有足夠的科學依據來證明哪一種更優秀或更出色。之所以會出現這樣的差別，很有可能來自演化心理學。因此，最重要的是正確掌握自己的生活作息。

現代人喜歡看電視或用功到深夜，沒有遵循古人日落而息的睡眠習慣。像這樣到三更半夜才睡的習性，從人類演化的歷史來看，是晚近才出現的情形。過去，人類擔心會被盤踞在黑夜中的猛獸或敵人攻擊，所以採取日出而作、日落而息的生活型態。在一項以至今仍保留史前時代生活習慣的部族為對象所做的民族誌研究中，也發現了這一點。

夜貓族智商比較高嗎？

可是英國倫敦政經學院管理學系講師金澤智（Satoshi Kanazawa）基於智力越出眾的人，越能毫不抗拒地接受陌生刺激和新情況的事實，做出了智商越高越可能是晚睡的「夜貓族」的假設。[11]對原始人來說，晚上保持清醒是一件非常陌生又可怕的事情，因此推測享受那種刺激的先祖們智商應該很高。

美國的一個調查機構以高中生為對象，在他們成年之前先後進行了三次問卷調查，金澤智試圖以這份調查結果為基礎來證實自己的假設。調查機構經由「平日幾點起床？幾點就寢？」、「假日幾點起床？」等問題，來確認受訪者的平均起床時間和平均就寢時間，同時也對學生的智商做了額外的調查。

在控制了受訪者的年齡、性別、種族、學歷、收入、宗教等變數的情況下，分析平均就寢時間和智商之間的關聯，掌握了受訪者智商越高越晚就寢的事實。智商最低的受訪組，平日的平均就寢時間為晚上十一點四十一分。相反地，智商最高的受訪組的平均就寢時間為晚上十二點二十九分。另外，智商越高的受訪者顯現出越晚起床的趨勢。簡言之，智商越高的人，通常是晚睡晚起的夜貓族。

如果看了這個結果就以為想擁有高智商就必須成為夜貓族，或一概而論認為早睡早起的早鳥族智商都很低，那可就糟了！金澤智的研究旨在證明智商和就寢時間之間的關係，而形成這種結果的原因，或許應該從夜貓族接受了「黑暗」這種既可怕又陌生的情況這個觀點來理解。

早鳥族成績較好、較容易成功？

如果有夜貓族以為自己晚睡所以智商一定很高而沾沾自喜的話，最好別得寸進尺奢望自己的學業成績也會變好。普雷克爾（Franzis Preckel）針對德國二百七十二名學生的成績和他們的睡眠習慣進行了調查，發現整體來說，夜貓族學生的數學、科學、語言課程成績相對低迷。[12]與早鳥族學生在認知能力、學習動機、思考力、認真度相比較則所差無幾。原因何在？

普雷克爾認為，想要有好成績，就要在最適合自己的時間上課、考試。但大部分的學校都是大清早開始上課，夜貓族學生就得在不那麼適合自己的時間和早鳥族學生競爭，成績自然低落。

韓國京畿道從二〇一七年開始實施上午九點上學，引起輿論沸騰了一段時間。因為才實施沒多久，還無法判斷好壞，但對於下課後還要上課外輔導或看電視、玩遊戲到深夜，不知不覺成了夜貓族的學生來說，九點上學在學業成績方面應該大有助益。

大概因為我也是夜貓族，所以會偏袒晚睡的人，但其實早鳥族的生活習慣還是有很多優點的。

德國海德堡教育大學（Heidelberg Universiey of Education）的維爾納（Laura Werner）針對三百名早上八點十五分就開始在校上課的學生，調查他們的睡眠習慣，發現越早起床的學生，越能準時進教室上課。[13]這個結果顯示，要判斷一個學生傾向早鳥族還是夜貓族，可以從他抵達教室的時間來預測。調查結果也發現，相較於夜貓族，早鳥族比較會提前思考，應對未來的能力較高。這點和心理學家蘭德勒（Christoph Randler）的研究異曲同工。[14]

有一陣子倡導「早鳥族較易成功」的自我成長書籍掀起一股熱潮，我也試著改以早鳥族的方式生活，但結果卻讓我有「啊，我是失敗者嗎？」的挫折感。然而，夜貓子戴上早起鳥兒的面具會快樂嗎？不快樂的成功，又有什麼意義呢？所以不管是夜貓族還是早鳥族，選擇最適合自己生理節奏的時間就可以了。在最佳的時間，交出最好的成果，這不就是成功嗎？

24 難過時吃止痛藥有效嗎？

當與戀人分手或在朋友之間受到排擠時，心裡一定十分難過、痛苦又悲傷。這種情緒很容易被單純認定是一種感覺或想法，但心理學家德沃爾（C.Nathan Dewall）的實驗告訴我們，這種痛苦是大腦感知到真正的「疼痛」。

如果在整理書架時，沉重的相框掉下來砸到腳背上，會怎麼樣呢？也許在那一瞬間，突然有種難以言喻的痛苦迅速蔓延，讓全身都僵硬起來。在大腦中處理這種物理疼痛的部位被稱為「前扣帶皮質」（anterior cingulate cortex）。

二〇一一年上映的韓國電影《痛症》（Pain）中，權相佑所飾演的男主角「南順」，無論受到什麼傷害或打擊都感覺不到任何疼痛，有可能就是這個部位出了問題。

生理疼痛和社會疼痛由大腦同一部位處理

大腦科學家經由研究證實，前扣帶皮質不僅和生理疼痛有關，還與受到他人拒絕或被人拋棄時所感受到的「社會疼痛」也有很深的關聯。也就是說，生理疼痛和社會疼痛都是由大腦的同一部位處理的。電影中的南順與演員鄭麗媛所飾演的「東賢」相遇前，一直過著連心靈創傷都感覺不到的枯燥乏味生活，但這些都是有原因的。

心理學家德沃爾和他的同僚早就知道生理疼痛和社會疼痛之間的關聯性，他們有個饒富興味的想法，認為「能減輕生理疼痛的止痛藥，應該也能有效地減輕社會疼痛」。[15]他們推測，既然吃了止痛藥會使得大腦前扣帶皮質的活動變得遲鈍，那麼應該也同樣能減輕因失戀或受到同事排擠等在社會上遭到他人拒絕時所承受的痛苦。

吃止痛藥可以減輕社會疼痛

德沃爾為了證實這種假設，他挑選了二十五名健康的大學生參與實驗，一半的參加者早上起來要服用兩粒五百毫克的止痛藥，睡前一個小時也要服用兩粒。另一半參加者則只吞服形狀相同的假藥（安慰劑）。

連日服用止痛藥或安慰劑的參加者在實驗的最後一天來到研究室，參加了由德沃爾主辦的一場遊戲。每個參加者都與其他兩名成員組成一隊，使用電腦進行「拋接球」的遊戲，但實際上其他兩名成員並不是真正的人，而是電腦程式所設計出來的虛擬成員。德沃爾如此操作遊戲，是為了塑造出一個無視參加者，只在自己人之間拋接球，孤立對方的情況。換句話說，目的是觀察如果被社會排擠並遭到拒絕，參加者會做出什麼反應。

參加者在遊戲結束後說：「感覺自己好像被其他成員排擠了！」回答自己經歷了多麼難受的社會疼痛。然而服用止痛藥的參加者與服用安慰劑的參加者相比，那種痛苦的感覺較輕。

從實驗結果得知，止痛藥甚至可以減輕社會疼痛，但德沃爾為了更詳細確認實驗結果，讓參加者躺在功能性磁振造影儀內，以同樣的方式進行了拋接球遊戲。

因為使用功能性磁振造影儀，可以透過影像確認大腦哪個部位受到了刺激，從而得到更明確的證據。

結果發現，服用止痛藥的參加者被排除在抛接球遊戲之外時，前扣帶皮質的活動比服用安慰劑的參加者來得少。另外，止痛藥也能使負責處理情緒過程的部位「前額葉皮質」（prefrontal cortex）的活動變少。由此證明，止痛藥不僅對生理疼痛有效，對減輕社會疼痛也有足夠的幫助。

在這項研究中，德沃爾為了確保實驗的效果，要求大學生們連續服用三週的止痛藥。雖然很多人擔心：「吃這麼長時間的止痛藥可以嗎？」但如果被心愛的人宣告分手，或被朋友排擠而感到心痛、自責到難以忍受時，吃一粒止痛藥後睡個覺，也會有所幫助。

當然要警惕止痛藥成癮。在電影《痛症》中，南順曾說：「如果不疼，就沒有愛。」

因此，希望讀者閱讀這篇文章之後，不要以為自己可以靠長期服用止痛藥來消除失戀的痛苦，有可能因為前扣帶皮質飽受止痛劑的殘害，就再也感受不到愛情的降臨。服用止痛藥一定要有醫師處方，失戀則請用新戀情來克服。

25 正直也是科學研究者必備的品格

正直並非是單純的不說謊、不虛偽，對一個人來說，除了不隱瞞對自己不利的事情、不隱瞞自己不知道或做錯了的事情之外，還要有敢於承認和公開的勇氣，這才是真正的「正直」。

傳說愛因斯坦平時對數學不是很擅長，即使得到了第一任妻子的許多幫助，卻不顧她的成就，企圖獨占名望。隱藏在被視為天才代名詞的愛因斯坦背後的臉孔，讓我想起了一個女人。

發現DNA結構的功勞少算一個人

一九六三年或的諾貝爾醫獎的三人組華生（James Watson）、克里克（Francis

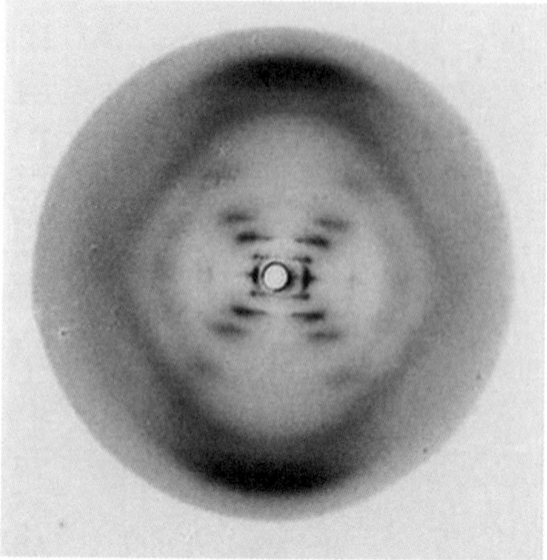

法蘭克林所拍攝的 DNA X 射線繞射圖

Crick）、威爾金斯（Maurice Wilkins），是發現DNA結構的生物學界明星，但說他們三個人僅憑自己的努力就發現DNA結構是不對的。發現DNA結構前，華生和克里克隸屬英國劍橋大學的實驗室，與當時在倫敦國王學院（King's Collegc London）的法蘭克林（Rosalind Franklin）就DNA結構正展開激烈的研究競爭，他們之所以能得到DNA是雙螺旋形態的決定性線索，就在於法蘭克林所拍攝的DNA的X射線繞射圖。[16]

如果當初華生和克里克是在法蘭克林同意下觀看了這張圖的話，那就沒什麼問題，但他們卻使用了不正當的手段。脾氣暴躁的法蘭克林和她的上司威爾金斯關係不好，威爾金斯多次與華生和克里克見面，以誹謗法蘭克林的方式建立了心照不宣的同盟，到最後還偷偷拿出法蘭克林拍攝的X射線繞射圖，交給了華生和克里克。他們看到法蘭克林所攝製的X射線繞射圖後，僅花了一週的時間就完成了DNA結構，並且急急忙忙在《科學》期刊上發表了論文，從而在日後獲得了諾貝爾獎的殊榮。

任何人都能看出，法蘭克林被偷盜的X射線繞射圖對DNA雙螺旋結構的發現產生決定性作用。但華生和克里克對法蘭克林的貢獻卻無隻言片語，即使在一九五八年，三十七歲的法蘭克林因癌症去世之後，他們依然保持沉默，這顯然就是一種不正直的態度。

甚至在幾十年之後的一九八四年，華生訪問法蘭克林的母校聖保羅女子學校（St. Paul's Girls' School）演講時，也沒有坦然以對。他只是語帶曖昧地辯稱：「我們會使用她的資料，是為了思考，而非盜用。」而且在演講中提及她和家人關係不好這種未獲得證實的事情，是對死者的一種褻瀆。克里克和威爾金斯沒有華生那麼露骨，雖然心懷愧疚，但對坦白真相卻態度消極。

暴露自己的缺失可使他人免去相同的錯誤

發明之王愛迪生也因為被榮辱蒙蔽了雙眼，做出了不正直的行為。他雖然設計了將在紐約市使用的直流電供電系統，但是電氣工程學家特斯拉（Nikola Tesla）卻開發出更優秀的交流電方式。[17]交流電的優點是可以比直流電將電力傳送到更遠的地方，且電線較不易腐蝕，還能隨心所欲改變電壓。愛迪生為了讓直流電受到採納，先後聚眾進行了幾次以交流電將貓狗活生生電死的實驗。他還發明了使用交流電的電椅，作為執行死刑的工具，藉以大大凸顯交流電的危險性。但最終愛迪生還是輸了。[18]

美國物理學家費曼說：「科學思考必須建立在正直的基礎上。」並且強調：「就算是對自己不利的也要毫無保留地公諸於世，不能只挑選對自己有利的來說。」所謂正直，是指除了說明自己的想法之所以正確的理由之外，還要連對此不利的證據和背景也一併說出來。誠實地暴露自己的缺點才是正直。[19]

費曼在進行超導現象研究時的言行，表明他是一個積極實踐正直的科學家。超導是當金屬以極低的溫度冷卻時，電阻完全消失的現象。費曼雖然在超導方面，建立了自己的理論，但當另外三名物理學家發表以微觀理論來解釋超導現象的「BCS理論」（譯註：Bardeen-Cooper-Schrieffer theory，以三位物理學家姓氏的第一個字母命名）之後，費曼立即承認他們的理論是正確的，並且一有機會就稱讚BCS理論的優秀之處。物理學家葛瑞賓（John Gribbin）在他所執筆的費曼傳記中寫道：「他的正直使他人免於陷入同樣的陷阱，並且清楚地展現出警戒自我、勿誤入歧途的能力。」[20]

有勇氣坦白對自己不利的事情、有一顆正直的心勇於承認自己的想法錯誤、盡可能客觀地看待事物，這些不僅是對科學家的要求，也是我們所有人都應該具備的品德。

26 運用直覺還是再想想較有利？

亂猜的答案改了較有利，還是原封不動保留較有利？從統計上來看，修改後的答案較有利。但最應該避免的是，把時間都浪費在思考是否應該修改答案，而延誤解答其他題目的時間。

大家都有過在解客觀測驗（譯註：讓考生從事先擬定的答案中辨認出正確答案的題目。題型有是非題、選擇題、配合題等）時，不知道二選一中哪個才是正確答案的經驗。在這種情況下，是要堅持原來猜的那個答案呢？還是要改成另一個答案？

相信很多人都聽過「先猜的答案正確機率高，改了反而容易出錯」這樣的說法，所以認為照著這個建議去做較有利。事實上心理學家克魯格（Justin Kruger）針對美國德州州立大學的大學生所進行的問卷調查中，也僅有百分之十六的學生認為修改答案更有利。[21]但果真如此嗎？在沒有把握該選哪個才是正確答案的時候，堅持最早猜的答案果真有利嗎？

憑直覺猜的答案通常是不利的

總之，這種信念是不正確的。堅持憑直覺猜出的最初答案通常是不利的，七十多年來不斷有學者提出研究成果，支持這項結論。儘管如此，「堅持第一次猜的答案較有利」的傳統觀念不會被輕易改變，這讓人感到很神奇。因此，克魯格為了重新澄清所謂「第一直覺謬論」（first instinct fallacy）的「迷信」，展開了一項實驗。

他首先對二〇〇〇年秋季學期申請「心理學概論」課程的一千五百六十一名美國伊利諾州州立大學（Illinois State University）學生的期中考試結果進行了分析。雖然該實驗是採取客觀測驗的方式進行，但學生若想把一開始寫下的答案換成其他答案的話，就必須註明在「刪除標記」上，而非使用橡皮擦。這是為了更容易掌握學生修改了哪些題目，以及修改的答案是否正確所採取的措施。

學生總共修改了三千二百九十一道題，有百分之二十五答錯，百分之五十一答對，其餘百分之二十三則是第一次答案和重選答案皆錯。若以學生為單位而不是以題目為單位進行分析，百分之五十四的學生在更換答案後得分，百分之十九的學生更換了錯誤的答案。這項結果再次證明了修改與第一直覺相反的答案，更易獲得雙倍的優勢。但是，參加考試的學生依然陷在第一直覺謬論的想法中。隨機抽選五十一名學生，詢問他們第一次的答案和更換後的答案哪個比較可能正確，百分之七十五的學生回答第一次的答案。

克魯格為了掌握造成「堅持第一次猜的答案較有利」想法的原因，提出了「第一題改了答案後反而出錯，第二題堅持答案卻出錯」的假想情況，然後問學生「哪種情況下會感到更後悔，覺得自己像個傻瓜？」大部分學生回答第一題的情況更後悔，「改了答案後出錯」會比「堅持答案卻出錯」更讓人惋惜。

人就算沒有把握的念頭也想堅持

克魯格將這種堅持第一次答案的傾向，與人們想儘量避免吃虧的「避損」傾向放在一起解釋。也就是說，人們認為放棄最初選擇的答案時所蒙受的損失，比由此獲得的利益更多。因為更換答案後出錯的經驗，比更換答案獲利的經驗，更讓人銘記在心。

「第一直覺謬論」是在備選方案二選一的情況下所可能犯的錯誤心理。這也說明了就算對第一次選擇的方案沒有信心，就算因此猶豫要不要換成另一方案，人類還是會依慣性堅持最初的方案。

雖然不是一向如此，但根據統計，把出於本能所選擇的答案更換為其他答案的作法通常較有利。暢銷書作家葛拉威爾（Malcolm Gladwell）在其所寫的暢銷書《決斷2秒間》裡曾經強調過「眨眼」的重要性，這個詞代表「眨眼之間就能辨認」的意思。

但是「眨眼」只有在充分累積了專家級的見識和經驗時才有意義，在沒有足夠的經驗和知識的狀態下，僅憑「感覺」（feel）所做出的決定，還不如擲骰子算了。今後如果參加客觀測驗，碰上模擬兩可的題目時，要修改還是要維持原先的答案，雖然純屬個人選擇，但最好還是多質疑一下。

27 為什麼年紀越大覺得時間過得越快？

很多人都有度日如年或歲月如梭的感覺，這種現象隨著年齡的增長越發明顯。但與其惋惜逝去的時光，不如做好面對未來的準備。

天天事務纏身的人，乍然打起精神，才發現幾年的時間就這麼過去了。隨著年齡的增長，時間流逝的速度會給人越來越快的感覺。通常十多歲時，時速是十公里，到了五十多歲，時速就提高到五十公里，對吧？為什麼會這樣呢？明明大家所擁有的時間都一樣長，為什麼年紀越大就覺得時間過得越快呢？這裡有三種假設。

人類沒有敏銳的時間感

第一個假設是，對一個八歲的孩子來說，一年只占了他全部人生的八分之一，但是對一個五十歲壯年人來說，一年就相當於人生的五十分之一。隨著年齡的增長，一年的時間在整個人生中所占的比例逐漸減少，因此才會感覺時間似乎過得越來越快。當然，這個假設要成立的話，先決條件是必須準確認知自己活了多長時間。

然而人類對時間的感受性並不敏銳，如果分別提起十年前和十二年前的事情，人們很難區分前後順序。若沒有日記或身邊的人以類似證言的方式協助，人們對這兩件事情就只殘留模糊的記憶或混淆不清。儘管如此，人類卻誤以為自己對時間有著敏銳的感覺，原因在於很早就有時鐘和月曆等標示時間的替代品，而人們也習慣使用這些替代品，因此第一個假設的可靠性很低。

第二個假設是，年輕時期有諸如升學、入伍、就業、結婚、生育等新的經驗，日子過得多姿多彩，但上了年紀之後就再也感受不到多少新鮮事，也就沒有多少難忘的回憶。所謂「回憶效應」的這個假設是有道理的，但若處在有很多值得回憶的事件的時代，這種假設就不太適合。現在幾乎三天兩頭便會冒出無數高科技新產品在貨架上閃閃發光，引誘我們購買。網路、智慧型手機、高科技特效電影、活靈活現的虛擬世界等新東西比比皆是，我們的身邊比以往任何時候都充滿了新奇事物，未來更是如此。所以第二個假設也很難成立。

新陳代謝慢造成時光飛逝的錯覺

第三個假設是，人類新陳代謝的速度隨著年齡的增長越來越慢才造成這種感覺。心理學家克雷克（Fergus I. M. Craik）和海（Janine F. Hay）透過實驗為這個假設提供了可靠的依據。22

他們讓十八歲至三十二歲的三十名年輕人，和六十三歲至八十三歲的三十名老年人，分別閉上眼睛在心中默數三十秒。年輕人組在大約過了四十秒的時候，才出聲表示三十秒到。而老年人組則在過了六十秒左右，才出聲說三十秒到。就算再分別要求兩組默數六十秒和一百二十秒，結果也完全相同。

接下來的實驗是在三十秒到了的時候，讓兩組人員猜測過了多久時間。年輕人回答二十五到三十秒左右，比較接近正確的答案，但老年人則回答不到二十秒。過了兩分鐘之後，再讓老年人猜猜過了多久時間，大多數的老年人都回答只過了四十秒。

回答只過了四十秒，卻被告知實際上過了兩分鐘，老年人聽了只會出現這樣的反應：「不會吧，已經過了這麼長的時間啊？時間真的過得太快了！」這個實驗強而有力地證明，逐漸遲緩的生理時鐘是造成人們產生時光飛逝錯覺的原因。

最近，美國加州大學洛杉磯分校的霍瓦特（Steve Horvath）教授發現了「DNA時鐘」，可告知人體細胞和臟器的生物年齡。[23] 研究結果顯示，DNA時鐘在二十歲時速度最快，之後隨著年紀增長，速度會按照一定比率減緩。他認為，從理論上來說，如果能調整生理時鐘，也有可能開發出能延緩衰老、保持年輕的治療方法和新藥，說不定也能以這個治療法改善年齡越大感覺時間過得越快的「症狀」。

但有必要調整DNA時鐘來延緩正常的老化過程嗎？年紀越大覺得時間過得越快，這難道不是人生所下的沉默命令，叫我們不要虛度時光，每一天都活得有意義嗎？之所以會產生「怎麼時間過得這麼快？」的想法，說不定是身體傳遞給我們的美好命令，要我們別一直向前跑，偶爾也要回頭反省自己，為下一步作好計畫。

所以，當我們感覺時間飛逝，不妨踩一下剎車，出去散散步，享受和自己約會的時光。散步之類的輕微運動可以促進新陳代謝，有助於減緩時間的流逝。我們應該問問自己，是不是生活在慣性中？是不是鑽進過去的牛角尖裡，拒絕邂逅現在的自己也無所謂？

這篇文章讀完，感覺時間過去了多久？答案就在我們心中編織時間經緯線的生理時鐘上。

28 想知道決策是否明智，先提出反證

有些人相信某種現象是事實，或者只要自己做出結論，不管正確與否都堅持到底。即使他們盲目堅持的信念沒有任何特別依據，依然無視與自己信念相左的意見和依據。到底原因何在？

如果出示分別寫有「A、K、2、7」的卡片，要求從中抽出兩張來證明「如果一面為母音，則反面為偶數」的命題。那麼，很多人都會選擇「A」和「2」，而選擇「A」和「7」的人只有百分之四。若想證明（反證）這一命題為錯，就應該把「7」也翻面看看，以便確定對偶命題「如果一面為子音，則反面為基數」才對，這也清楚顯示了我們非常討厭反證。

討厭反證的傾向，會造成一個人生活在不幸中。義大利數學家魯菲尼（Paolo Ruffini）是第一位主張五次方程式無法用公式解開的人。[24]也就是說，類似我們在

高中時背得滾瓜爛熟的二次方程式「根式解」，在五次方程式裡找不到。然而，魯菲尼的證明裡存在致命的錯誤。他把自己的證明足足寫成了兩本書公諸於世，還三度將自己的書送給當時偉大的數學家之一拉格朗日（Joseph Lagrange），請他驗證自己的證明，儘管拉格朗日沒有回覆他隻字片語。由此可見，人們對魯菲尼的證明一點也不感興趣。原因何在？

第一個原因是因為他的證明太繁雜冗長了。雖然五次方程式是當時數學家研究的主題之一，卻不是像「費馬最後定理」（Fermat last theorem）這種讓人困擾了幾個世紀的問題，因此任何人都沒有理由去關注如此龐雜的證明。

第二個原因是大家不想花費時間精力去驗證「五次方程式不存在根式解」這類「否定結論」的心態。數學家經過漫長的歲月才找到三次方程式和四次方程式的根式解，因此斷定五次方程式也存在「根式解」，就算再難理解，總有一天也會被驗證。因此對「五次方程式存在根式解」深信不疑的數學家，就很不滿意魯菲尼的反駁，看到多達兩本書分量的複雜證明過程，更覺反感。

為了得到人們的關注，魯菲尼十多年來一直埋首尋找簡單的證明，但他的努力到最後都沒能得到人們的認可。絕望的他放棄了數學家的生活，轉而成為一位研究和治療斑疹傷寒的醫生，於一八二二年去世。

在他去世的前一年，偉大的數學家柯西（Augustin Louis Cauchy）盛讚魯菲尼對五次方程式研究的功勞，可惜為時已晚。然而在他去世之後，挪威數學家阿貝爾（Niels Henrik Abel）發現了魯菲尼的證明有誤，並以正確方式證明了五次方程式真的如魯菲尼所主張的一樣，不存在根式解。

如果魯菲尼在世時有人為他的證明作出反證，也就是說，能揪出他的證明出錯的話，或許他會以其他方式早早調整方向或乾脆放棄證明，轉而活躍在其他領域，過著幸福的生活吧。

可以說，魯菲尼不幸的人生源於人們排斥反證的心態。一般來說，我們一旦相信「若A則B」，就會想辦法支持這個信念是正確的。心理學家米奈特認為，即使清楚知道自己的信念有誤，但有百分之七十的人仍會堅持那是正確的。也就是說，他們眼裡只看到肯定（證明）信念的根據，而忽視否定（反證）信念的根據。因此我們必須注意，別只顧著創造偉大成果，小心陷入忽視自己錯誤和過失的謬誤中。

29 前拉？後拉？從捲筒衛生紙看個性

坐在化妝室馬桶上，有人看書，有人玩手遊，何不利用這個時間來了解一下自己？根據一個人懸掛捲筒衛生紙所偏好的方向，可以看出這個人的個性。

「化妝室的衛生紙掛錯方向了，不能這麼掛！」

妻子使用我辦公室附設的化妝室（可惜是男女共用的無性別化妝室）後走出來，劈頭就這麼數落我。

「哪裡掛錯了，妳為何這麼兇？」

「衛生紙尾端垂在後面吶！要轉個方向，從前面往下拉才對。」

她還說自己沒法坐視不管，就順手換個方向重新掛好才出來。

「有證據證明衛生紙要從前面往下拉嗎？」

我這麼一反駁，妻子回答得更加含糊不清。

「這麼掛方便使用，而且可以少浪費點衛生紙。」

從哪個方向拉衛生紙可減少用量？

我感到疑惑不解，妻子認為捲筒衛生紙的尾端朝前垂下的狀態，即「前拉」比朝後垂下的「後拉」要好，我很好奇這種主張是否正確。若我想知道捲筒衛生紙在前拉狀態是否如妻子所言用量較省，至少得進行幾個月的實驗來比較實際用量，但是這麼一來，現在就無法當場確認，以後也沒有餘力這麼做。

好奇之餘，我就去查詢是否有相關的研究資料。天哪！還真的有人做了調查。[25]但由於一些研究得出了截然相反的結論，所以不能依此斷定前拉能減少用量的主張是正確的。而且，我也很難接受妻子所說，衛生紙採用前拉方式更方便的說法。我猜，是因為後拉狀態的話，衛生紙尾端離坐在馬桶上的人會稍遠（大概遠了十公分左右），才讓人這麼認為的吧。但這點距離上的差別，在狹窄的化妝室裡果真會帶來不便嗎？另外，後拉會消耗更多衛生紙的主張也令人懷疑。可能有人認為衛生紙的尾端離使用者較遠的話，就會將更多的衛生紙往自己的方向拉取，因此才提出了用量會增加的主張吧。這雖然有一定的道理，但因為缺乏正確的實驗結果，尚待釐清。

拉衛生紙的方向能看出一個人的投資傾向？

前拉、後拉，您更喜歡哪個方向？根據美國所進行的多項問卷調查顯示，百分之六十到七十的人更喜歡前拉方式。由此雖然可確定前拉的確是大勢所趨（所以旅館化妝室才會全都是前拉方式吧），但反過來想，這不也代表還有百分之三十到四十的人喜歡後拉嗎（對於喜歡前拉的人來說，這個數值也是高得驚人？）

喜歡後拉的人所提出的理由是，後拉較為井然有序（可能是看到捲紙尾端貼近牆壁才這麼認為的吧）、被剛學步的幼兒或寵物犬把衛生紙全扯出來的可能性較小（因為即使把衛生紙朝捲筒下方拉扯，衛生紙也不會散開，可以再捲回去）、放在露營車之類的移動空間裡不會自動散開（這部分不是很理解），所以他們偏愛後拉方式。前拉和後拉偏好者都提出了各自有一定道理的主張，所以無法斷定哪種方式符合正確使用化妝室的要求。

但可以確定的是，前拉偏好者和後拉偏好者之間存在著性格上的差異。心理學家卡爾（Gilda Carle）透過以二千名介於十八歲至七十四歲之間的男女為對象所進行的研究發現，前拉偏好者在人際關係上更加主動積極，想掌控他人的傾向也更強烈。[26]相反地，後拉偏好者則相對擁有順從、親和、溫柔的性格，對他人的情感較能感同身受。

有趣的是，每五人中就有一人會把別人家裡懸掛的捲筒衛生紙換個方向。會做這種事情的人大概是前拉偏好者吧。因為根據跨國家用紙品企業金百利克拉克公司（Kimberly-Clark Co.）的調查，前拉偏好者對捲筒衛生紙的懸掛方向更敏感，也更容易動怒，就連隨手把我辦公室化妝室裡的捲筒衛生紙調換懸掛方向的妻子（前拉偏好者）也不例外。

但前拉偏好者的收入和後拉偏好者相比，是較高呢？還是較低？令人驚訝的是，竟然還真的有提出這種問題的問卷調查。[27]後拉偏好者中，百分之七十三的人年收入在兩萬美元以下；相反地，前拉偏好者中則有百分之六十的人年收入超過五萬美元。也就是說，前拉偏好者的平均收入更高。雖然不是全都如此，但很有可能是因為前拉偏好者的積極冒險性格，讓他們得以創造出更多的收入。

不過，希望讀者不要把本文理解為「把捲筒衛生紙換一個懸掛方向就能增加收入」。因為邏輯上來說，並非「若A則B」為真，則「若B為A」也為真。而且捲筒衛生紙的懸掛方向屬於個人偏好，所以之後到別人家，最好不要犯下任意變更衛生紙懸掛方向的無禮舉動，尤其像我妻子這種前拉偏好者更需牢記在心。

30 大腦越用越發達

我們常說，年紀大了，腦子就不管用了，但這只是判斷力和情報處理能力下降而已。人類的大腦就像肌肉一樣越用越發達，我們的大腦不是冰冷死板的電腦。

一九五五年四月十八日物理學家愛因斯坦去世後，許多科學家對他的大腦特別感興趣。因為他提出相對論，推翻了牛頓的絕對論時空觀，並奠定了量子力學的基礎，是二十世紀的偉大知識分子，所以科學家才會猜測他的大腦必定和普通人的大腦有不同之處。聽說負責解剖愛因斯坦遺體進行檢驗的病理學家哈維（Thomas Harvey）把遺體歸還給愛因斯坦家人的時候，私下帶走了他的大腦。後來哈維想盡辦法說服愛因斯坦的家人，得到了研究愛因斯坦大腦的許可，於是愛因斯坦的大腦就被切成了二百四十塊，分送到幾位神經科學家手中。

神經科學家維特森（Sandra Witelson）調查了愛因斯坦的大腦結構之後發現，愛因斯坦大腦的「頂下葉」（inferior parietal lobule）比普通人大很多，形態也很特別。[28]頂下葉是掌管空間推理和數學直覺能力的部位。維特森猜想，愛因斯坦之所以能完成諸如相對論這樣天才般的成就，就是因為他大腦的這個部位比一般人還要發達。但並非只有愛因斯坦擁有特別發達的頂下葉，神經科學家艾登（Kubilay Aydin）在比較了數學家和普通人的大腦之後發現，數學家的頂下葉相對來說較大。[29]

倫敦計程車司機的大腦異於常人

那麼，為什麼會有大腦特定部位特別發達的人呢？理由很簡單，如果集中開發某一種能力的話，大腦掌管該能力的部位就會特別發達，譬如倫敦的計程車司機就是最好的證明。有「倫敦通」之稱的倫敦計程車執照考試可說是全世界最難的，不僅要熟知所有道路和住宅區，還得通曉公園、政府機構、旅館等乘客可能要求前往的所有地點。只有穿街過巷找出最理想的路線，才有可能通過考試，因此有一半以上的考生不是遭到淘汰，就是自動放棄。

神經科學家馬圭爾（Eleanor Maguire）使用磁振造影儀（MRI）觀察了倫敦十六位計程車司機的大腦，結果發現負責空間探索和位置記憶的「海馬回」後部的灰質（腦中負責處理資訊的神經細胞），比非計程車司機的人要多。就算和同樣在大眾運輸領域工作的公車司機相比，也比他們多，因為公車行駛的路線是固定的，而計程車則每次都要尋找不同的路線。

但也有可能產生以下的疑問：是長期開計程車所以海馬回才變大？還是原本海馬回較大的人才會通過計程車執照考試？馬圭爾藉由後續的研究證實，經過嚴格學習之後取得計程車執照的人，在比較考試前後他們的海馬回後部構造，發現有越來越大的跡象。也就是說，在記憶所有場所和移動路線的過程中，海馬回才逐漸改變的。

真正的學習指大腦結構改變的過程

雖然大腦的出現比電腦早得多，但人們還是喜歡將大腦比喻成中央處理器或記憶體，這種比喻讓人們形成了一種固定觀念，以為人類大腦就像中央處理器的功能一樣存在極限，而學習過程就像把軟體儲存在記憶體裡似的。從數學家和倫敦計程車司機的案例中可以看出，我們的大腦具有經過訓練就能隨時變大、變發達的性質，和集中訓練肌肉，肌肉就會變發達的情況沒兩樣，這就稱為「可塑性」。從這種觀點來看，真正意義上的學習應該指大腦結構改變的過程才對。

這種大腦的可塑性不僅出現在尺寸上，而且在「職責重新安排」上也發揮了作用。視障者的視覺皮層很容易被視為功能終止的「暗區」，但是大腦會更敏銳地感受到指尖閱讀點字時的感覺並迅速解讀，為視覺皮層分配了新的功能。現在，您還想將我們的大腦比喻成電腦嗎？

最近我看不清楚眼前的字跡，所以常常會把眼鏡擱在頭頂上。上了年紀，得了「老花眼」，眼科醫生給了我不算建議的建議：「這是無可奈何的過渡期，只能接受。」但我相信他一定不知道以色列神經科學家波拉特（Uri Polat）的研究，老花眼是可以經由練習來克服的。[30]

波拉特要求參加者一週三次、每次各三十分鐘進行視力訓練，訓練內容就是辨識本身顏色和背景色十分接近難以區分的物體是什麼。

三個月後，有百分之六十的參加者可以閱讀比之前更小的文字，但這不代表參加者的水晶體恢復了彈性，只是更順利解讀了進入眼睛的視覺訊息罷了。

我們的大腦軟呼呼的，就算達不到愛因斯坦的成就，但隨時可做到倫敦計程車司機號稱「天下第一難」的駕駛水準，也隨時可以克服麻煩的老花眼。當然，這得靠集中的訓練和堅強的意志。

31 想減肥成功要懂得「欺騙」身體

很多人認為減肥想成功，就必須少吃或餓肚子。但比起「吃多少」，「怎麼吃」才是最重要的。那麼，到底該怎麼吃才好呢？結論就是要看「一次吃下了多少量」。

每到年初，減肥會成為許多人設定的新年目標之一，不過應該也有很多人無法好好達成這個目標。是不是有很多人一再說「從明天開始減肥」，而當下依然享受著「炸雞啤酒」呢？這種人遠在天邊近在眼前，我自己就是每天晚上喊著「我要減肥！」的人之一。

「有沒有既不發胖又能盡情享受美食的方法呢？」這句話一說出來，一定有很多人會建議多運動。但是運動反而會讓食慾變好，腰圍越來越粗，如果就此中斷運動，贅肉又會繼續累積，大部分的人就會放棄減肥。而且運動所消耗的熱量要大於身體所攝取的熱量才瘦得下來，因此在養成運動習慣之前，真是萬分痛苦。想燃燒掉相當於一塊蛋糕的熱量（五百卡路里），就必須跑十公里才行。

暴飲暴食壞處多多

就分子生物學來說，可以享受美食又不會變胖的方法，就是少量多餐。但是一想到質量不滅定律，這個方法就顯得不太合理。不管是一次吃完或分幾次吃完，進入體內的食物總量都一樣，所以累積下來的熱量不也一樣嗎？假設每吃進一千大卡，會在體內累積一百公克的脂肪，那麼吃進一百大卡時，不就會產生｜公克的脂肪？所以就算把一千大卡分成十次吃，每次累積十公克的脂肪，十次下來還是累積一百公克。

但是我們身體的生理機能並沒有按比例運作，不會因為進量多，產出量就隨之呈線性增加。有調整過音響音量的人一定有過這種經驗，一開始音量只是一點一點變大，後來就算只是輕微旋轉，音量也會突然變大。人體也是同樣道理，一千大卡全吃進去，會產生一百公克的脂肪，但分散成每次吃進一百大卡的話，所產生的脂肪一定小於十公克。

為什麼呢？我們所攝取的養分最後會在體內轉換為葡萄糖進入血液中，再藉由微血管供應給細胞。脂肪細胞將葡萄糖轉運蛋白置於細胞膜上，以吸收血液中的葡萄糖並將之轉換為脂肪形式儲存起來，負責這項任務的器官就是胰臟。

減肥成功的關鍵在於吸收熱量的速度

胰臟透過胰島素促使脂肪細胞將葡萄糖轉運蛋白配置在細胞膜上，當血液中的葡萄糖突然增加時，胰臟就會分泌大量胰島素到各細胞上。接收到這個訊號的細胞，會製造相當於胰島素量的葡萄糖轉運蛋白，那麼大量的葡萄糖就會轉換為脂肪堆積起來。要想盡可能減少葡萄糖以脂肪的形式累積，就要阻止胰島素大量分泌。想要做到這一點，就要以少量多餐的方法，欺騙胰臟「我沒吃多少」。

所以工作或學習時，把食物放在旁邊一點一點進食，就是一個既不用承擔痛苦又能減肥的方法。就算是高熱量的乳酪蛋糕，只要不一次吃完，就不用太擔心減肥的問題。但是在辦公室或學校裡，沒辦法常常把食物拿出來放在一邊吃，畢竟有多少人能把便當放在一旁，每隔三十分鐘就挖幾口飯來吃的？

減肥成功的關鍵不在於攝取的總熱量，而在於熱量在體內的吸收速度。如果能考慮到這一點，就有解決辦法。食物可以一次吃掉，但要吃熱量吸收速度較慢的食物，以阻止血糖突然升高、胰島素分泌過多、葡萄糖轉運蛋白過度活躍。消化吸收食物的過程中，血糖升高的速度以數值顯示出來，就是「升糖指數」。白米飯的升糖指數為八十五，而糙米飯的升糖指數為五十，所以吃等量的食物，把白米飯換成糙米，至少不那麼容易變胖。

32 基因與環境影響生物行為

雖然我們的智力和性向是由基因來決定的，但其發展的可能性卻隨時可以因環境而改變。也就是說，在遺傳基因所畫的底稿上，是用環境因素來著色的。因此，如何完成一幅優秀的作品，取決於遺傳基因和環境的協調。

加拿大馬吉爾大學（McGill University）的莫吉爾（Jeffrey Mogil）和美國伊利諾大學香檳分校（University of Illinois at Urbana-Champaign）的研究人員把老鼠的尾巴浸在熱水裡，進行了一項長達十年的新奇有趣的實驗。[31]當老鼠尾巴泡在攝氏四十九度的熱水裡時，對熱度的反應速度各不相同。有的老鼠會立即抽出尾巴，有的會比前者遲個一、兩秒，有的甚至遲上三、四秒。實驗室的環境對於所有老鼠來說都是一樣的，因此老鼠對痛苦的敏感度差異，只能看作是每隻老鼠各自的特性所引起。

那麼，老鼠的哪種特性決定了對痛苦的敏感度呢？莫吉爾經過十年實驗所得的暫定結論是，帶有特定遺傳基因的老鼠，平均比其他老鼠更快抽出尾巴。也就是說，遺傳決定了對痛苦的敏感度。

人生是畫，基因是底稿，環境負責上色

但是事情並沒有就此結束，莫吉爾仔細分析過去的實驗數據後發現，除了遺傳基因之外，還有別的因素也會影響老鼠抽出尾巴的反應，那就是環境因素。

莫吉爾盡可能記錄每隻老鼠生存環境的差別，並加以分析。結果顯示，比起老鼠本身的遺傳條件，在什麼樣的環境下出生成長才是更重要的變數。譬如很有趣的是，「哪個人」把老鼠從籠子裡捉出來將牠的尾巴浸泡在熱水裡，是比遺傳基因更重要的因素。綜合分析相關因素後發現，抽出尾巴的反應時間的比重，分別是遺傳因素占百分之二十七、環境因素占百分之四十二、遺傳與環境因素之間的相互作用占百分之十九。

從熱水中抽出尾巴的行為致是單純的反射動作，因此當初猜測只會受到基因的影響，沒想到謎底揭曉後，才發現環境所產生的影響比基因還大。莫吉爾推斷，如果讓老鼠學習諸如在迷宮裡覓食這類更複雜的行動，必然能確定環境所產生的影響遠遠大於遺傳基因。

這項實驗暗示，除了基因之外，環境對生命體的行動也會產生莫大的影響，因此單純將生命體看作是傳遞基因的宿主或「基因機器」的想法是錯誤的。另外也同時暗示了遺傳基因只是基本的底稿，負責上色的是環境。生命體的行動是基因和環境合作的成品，而不是其中一方的「獨角戲」。遺傳對學習成績、技能等方面有很大的影響，但在什麼樣的環境中學習、獲得什麼樣回饋下的成長，更為重要。

即使才智相當但環境會影響際遇

有一項實驗支持這種主張。假設您是觀眾，正在觀看一場一人出題、另一人答題的知識競賽遊戲。當競賽結束後，您會收到一份「您認為兩人中誰更聰明？」的問卷，那麼您會寫下誰的名字？在美國史丹福大學心理學家羅斯（Lee Ross）與同事一起進行的這項實驗中，作為觀眾參與的史丹福大學學生認為，出題者比答題者更聰明，懂的也更多。[32]

這樣的評價果真合理嗎？出題者是隨機決定的人，事先已經從羅斯手上拿到題目，因此只不過是提前知道答案。而答題者卻是為了要答對問題，在偶然的情況下置身於棘手的環境。如果兩人的角色對調，重新參與實驗的話，或許評價恰恰相反。由此可知，兩人的才智可能都差不多，但隨著所處的環境不同，就可能得到「秀才、庸才」兩種相反的評價。

問題是，第一印象一旦被決定了之後就會長期固定下來。一九六八年心理學家羅森塔爾（Robert Rosenthal）在美國舊金山的一所小學進行實驗。[33]他對六百五十名學生進行了智力測驗，從每個班級隨機抽選百分之二十的學生，然後告知老師：「這些孩子的智商特別高，成績具有大幅進步的潛力。」八個月後，羅森塔爾再次進行智力測驗後發現，這些學生在智商和學習成績方面比其他學牛有了大幅的提升。由此可知，遺傳雖然在我們的行為和習慣上發揮重要作用，但環境也不遑多讓，說不定比遺傳還更重要，即使是環境上微乎其微的差別。

33 目標過高只會讓人成為失敗者

一個距離太遠的終點，有些人在出發前就已經感到筋疲力盡或乾脆放棄了。該怎麼做才能朝著一個大目標不斷前進呢？最重要的就是滿足於每天小小的成就。

新年看到太陽升起，人們總會立下這一年要達成的目標，不一定只有戒菸和減肥這類的常規目標，還有為了促進個人發展和家庭幸福所需要達成的目標，並且寫在日記的第一頁。目標是生活的動力，實現目標所得到的回報，顯然是有益的。但建立目標的「此刻的我」，若是對朝向目標前進的「未來的我」抱有太大期許，那可就糟了！

美國普林斯頓大學的心理學家普羅尼（Emily Pronin）要求學生喝下醬油和番茄醬混合的噁心液體，[34]然後問他們現在喝與下學期喝，分別可以喝下多少？學生回答，下學期會比現在喝得更多。也就是說，假定「未來的我」會比「現在的我」更能忍受這噁心的液體。混合醬油和番茄醬的飲料，現在喝很噁心，以後喝也同樣噁心，不會隨著時間流逝而提高對噁心的忍受力，實現目標的痛苦也不會因此減少，但是大家都犯了一個錯誤，以為「未來的我」會比「現在的我」更能克服困難。

目標越高，壓力也越大

就因為把達成目標的義務轉嫁到「未來的我」身上，這種錯誤造成新年建立的目標，到了年底不只沒有完成，還會再度出現在明年的日記上，因此必須將「現在的我」難以做到的事情，看成是「未來的我」也做不到的事情。所以一次要減肥十公斤的遠大目標，或是一次就建立多個目標的行為，都是絕對要不得的。

目標過高或過多，就必須有效且有生產力地利用時間，這麼做的話壓力就會變大。人們總喜歡將平日或週末看了什麼電影、參觀了什麼地方、和誰吃了什麼美食上傳到社群網站，藉此炫耀自己多麼懂得善用時間。看到有人外出度假時，還積極炫耀戰利品，感覺這些人似乎被責任給束縛住，極力顯得自己生活忙碌或至少看起來很忙碌的樣子。久違的朋友競相炫耀自己有多忙的「較量」光景，是多麼可笑啊！

來自「不要虛度光陰」的壓迫感，會自然而然引發壓力，而更大的問題是，這種壓力會造成大腦萎縮。醫學專家麥克尤恩（Bruce McEwen）所發表的研究報告指出，壓力會造成大腦變形。[35]他將一群老鼠每天綁上三到四個小時，持續三週，觀察老鼠腦部的變化。結果發現，老鼠腦中最複雜的部位「前額葉」與負責學習、記憶的「海馬回」出現了乾癟的現象。接著再將這些老鼠鬆綁，老鼠的腦又回到正常狀態，但年老的老鼠始終沒能恢復。

麥克尤恩認為，這種壓力對那些缺乏社會經濟資源、自尊心低下和運動量少的人傷害最大。因此，一個越努力改善自己當前狀況的人，就越有可能發現造成自己壓力的起因是否來自遠大的目標。

下修目標，享受成功的樂趣

或許您會反問，不建立一個遠大的目標，如何一點一點接近目標？畫虎不成，至少還能畫出犬來呀！這麼說不是沒有道理，但請注意，一旦立下遠大目標，同時也很可能就給自己烙下失敗者的印記。一天過一天，幾個月過去了，距離減肥十公斤的目標還是很遙遠。每次站在體重機上嘆氣也嘆到煩了，無法盡情享用美食的壓力也太痛苦了。一天天就是一連串的失敗，只想趕緊逃離減肥這個目標，結果最後陷入「炸雞啤酒」的誘惑，確認了自己的確是個失敗者。

克服這一點的辦法就是，將您日記上淪為裝飾的目標用紅筆劃掉，然後每天只寫下一、兩件想達成的小目標。譬如將「減肥十公斤」的目標改成「每天走三十分鐘」，或者將「寫一本書」的目標換成「每天寫一頁」，那麼每天都能享受成功的樂趣。只有架構起聚沙成塔的系統，才能每天都獲得力量，最後大功告成。

34 為什麼改過的答案出錯更讓人扼腕？

最初選擇的答案和後來修改的答案，哪一個出錯的時候更讓人心焦和懊惱？很多人都選擇後者，這是出自一種堅守初衷的傾向。問題是這樣的判斷卻不是透過合理過程來決定的。

人們總有「堅守初衷」的傾向，這種傾向表現得最明顯的例子可以在「蒙提霍爾問題」（Monty Hall problem）中找到。這個名稱來自知名的美國電視節目「做筆交易吧！」（Let's make a deal）主持人的名字，屬於一種機率爭議。一九九〇年首次被瑪麗蓮．莎凡特（Marilyn Savant）在自己的專欄「瑪麗蓮隨你問」（Ask Marilyn）中介紹後，開始聞名於世。瑪麗蓮．莎凡特的智商高達二百二十八，是金氏紀錄中智商最高的紀錄保持者。

如何選擇在機率上會更有利？

蒙提霍爾問題的內容如下：[36]

眼前有三扇門。一扇門後面是一輛汽車，另外兩扇門後面則各有一隻山羊。您只能選擇其中一扇門，背後的東西就是您能領取的獎品。當您選擇1號門時，對所有情況心知肚明的主持人會打開3號門給您看，那裡蹲著一隻山羊。主持人會這麼建議您：「您可以換成選2號門，要換嗎？」。如果您想獲得一輛汽車作為獎品，是否應該將1號門改為2號門呢？

聽到像這樣可以更換選擇的建議時，您會怎麼做？要換嗎？還是堅持原先的決定？哪個在機率上更有利呢？

在一項實驗結果中，大部分的人都傾向堅持最初決定的1號門。問其理由則回答，無論選擇哪一扇門，機率都是三分之一，搞不好換了一扇門反而蒙受損失，所以乾脆堅持到底。但是莎凡特指出，從機率上來看，換個選擇更有兩倍的機率可以得大獎。莎凡特這麼解釋：

「汽車在1號門後面的機率為三分之一，2號門或3號門後面的機率為三分之二。但主持人已經告訴我們3號門後面是一頭山羊，也就是說3號門後面有汽車的機率是零，所以2號門後面有汽車的機率就是三分之二。因為所有機率的總和都為一，所以改成2號門更有利。」

您能理解莎凡特的解釋嗎？如果您第一次接觸到這個問題，就算對方說要打開其中的一扇門來看，也必定會懷疑機率怎可能在片刻之間就出現變化。就算承認機率可以改變，也會在知道3號門後面沒有汽車的同時，認為1號門和2號門後面有汽車的機率應該同樣都變成二分之一才對。

哪一種選擇造成的失敗更令人遺憾？

這個看似微不足道的問題在美國國內成為焦點，美國中央情報局和麻省理工學院的教授為此展開激烈的爭

門	最初的機率	主 持人告知後的機率
一號門	1/3	1/3
二號門	1/3	2/3
三號門	1/3	0

論。傳奇數學家艾狄胥（Paul Erdos）也捲入了這場爭論，但由於他給出了與莎凡特不同的答案，而在公開場合顏面盡失。[37]據專欄作家凱（John Kay）透露，艾狄胥到死都還在思考這個問題的正確答案。

在這裡，我們沒必要從數學上爭議莎凡特所給出的答案對不對，如果單就結果來說，莎凡特的答案和解釋是正確的。我們要注意的是，為什麼大部分的人傾向於堅持初衷。大多數人不願意更改1號門的最初決定，這種傾向可能是因為他們不了解機率的本質。但真正的原因其實是害怕自己改變選擇，造成可能的失敗（前面也解釋過這種心態）。堅持1號門，汽車卻在2號門後面出現時，從1號門改為2號門，汽車卻在1號門後面出現時，都代表沒有抽中汽車，宣告失敗。但是，人們卻對自己改變選擇之後所導致的失敗感到更加遺憾。堅持自己的選擇，就算選錯了，也會傾向以運氣不好來安慰自己，或者憎恨主持人不懷好意說「早知道就換個選擇」時的笑容。人類的想法就是這麼不合理。

35 智商來自遺傳還是環境？

我們的外貌、性格、智商果真由遺傳來決定嗎？還是會受到環境因素影響而改變？其實兩者之間有著密切的相互影響，難以決定先後關係或優先順序。因此把責任歸咎到父母或自己所處的環境，是很愚蠢的行為。

生物學界有幾項陳年爭議，其中最具代表性、至今還爭論不休的就是「天性vs. 教養」。

天性論者相信，人的性格、行為、能力等早就從父母接收到的遺傳基因決定好了；反觀教養論者則主張，人類身處的環境是決定性格或智力的變數。天性論者中最具代表性的人物是美國心理學家詹姆斯（William James），他認為人類之所以為萬物之靈，原因不在理性掌控了本能，而在於人類比動物具備更多本能。他所持的立場是人類大部分基因都已經被設定完成，環境很難有介入的空間。

相反的，教養論者則提出反擊，認為人類出生時是一面乾淨的白板，受到環境的影響才在白板上寫下個人獨具一格的故事。而且人類基因體計畫的結果顯示，人類基因數最多只有三萬個，這也為教養論者注入了力量。因為人類基因數量不多，所以他們認為環境是塑造一個人的主要因素。

遺傳決定論與環境決定論只能二選一嗎？

天性論者主張的遺傳決定論，以及教養論者所宣揚的環境決定論，您認為哪個正確？人們常犯的邏輯謬論中有個「非黑即白謬誤」（Fallacy of false dilemma），凡是有兩個主張或方案時，往往會施加「只能二選一」的壓力，這是意圖使他人的決定朝著自己希望的方向走時常用的手法。因此前面所提出的那個問題，就可以說是「非黑即白謬誤」。

為什麼只能二選一呢？難道就沒有其他的假設嗎？

科普作家瑞德利（Matt Ridley）就指責天性論者和教養論者都陷入「非黑即白謬誤」中，他認為遺傳（天性）和環境（教養）的複雜相互作用決定了人類的行為，並稱這第三概念為「來自教養的天性」[38]。如果基因在白板上畫出底稿，那麼環境就為底稿上色，然後創造出一個「人」，這個概念就是所謂「來自教養的天性」。

譬如美貌似乎確實是天性的結果，但果真如此嗎？飲食、衛生、運動、化妝等後天環境，加上個人的努力，在維持、襯托美貌上非常重要。五十多歲的年紀還被稱為「童顏美女」的好萊塢演員黛咪・摩爾（Demi Moore），和同為好萊塢演員的艾希頓・庫奇（Ashton Kutcher）離婚後，不知是否疏於保養，急遽老化的臉孔在網路上隨處可見。另外，電影《小鬼當家》中展現可愛演技的演員麥考利・克金（Macaulay Culkin）在二〇一二年所拍的照片上，一臉雜亂的鬍鬚，骨瘦如柴的外貌，一點也不像三十多歲的人，看起來反而像是五十多歲的歐吉桑。所以美貌是透過先天本性和後天教養協力完成的作品，缺一不可。

智商果真是天生的嗎？

說個有點敏感的話題可以吧？智商是本性還是教養的結果雖然還有爭議，但科學家的看法普遍傾向遺傳和環境各發揮了百分之五十的影響力。美國布魯金斯學會（Brookings Institution）的狄更斯（William T. Dickens）研究結果顯示，智商雖然受到遺傳的影響很大，但也會隨著與環境的相互作用而改變。[39]他表示，如果父母對學齡前的孩子進行教育，孩子的智商就會迅速提高。之後，當刺激智力的程度降低時，之前智商提高了多少，就會隨之下降多少。

看到這個結果，或許教養論者會洋洋得意地呼籲，如果能朝著加強刺激智力的方向營造教育環境，就能打造一個更明智的社會。但是狄更斯也說了，隨著年紀的增長，環境對智商影響會越來越小，而遺傳的效果會越來越明顯。

凱勒（Evelyn Keller）博士在其著作《先天與後天之間的幻影》（*The Mirage of a Space between Nature and Nurture*）中說：「如果沒有環境的因素，基因無法發展個體；基因不存在的話，環境發揮不了任何力量。」她斷然表示：「遺傳基因和環境中哪個影響更大，提出這個問題本身就很愚蠢。」[40]智商是基因和環境合作之下的作品。

暫且轉個話題，其實智商分數高低，只看一個人是否擅於解開智力測驗題目而已，和創造力、問題解決能力、探究能力……等真正的「智力」毫不相關。正如智力測驗的創始人比奈（Alfred Binet）曾經說過的，智商只是學習探測地震的工具罷了，其他什麼都不是。不要因為智商低就特別去怪罪基因或環境，因為這就像打桌球一樣，是相互作用之下的結果。

36 相信與理解是兩回事

世界知名物理學家費曼說：「即使是老一輩學者已經證明過的東西，如果自己不能證明出來，就不算真正理解。」別把「一知半解比一無所知更危險」當作笑話聽，因為關鍵就在此。

「虛數」是指平方之後為負數的數。在我們能想像的數中，也就是實數的世界裡，不存在平方之後等於負數的情況，所以很難即刻理解虛數的概念。但是我們為什麼要了解虛數呢？高中時期為什麼要傷透腦筋學習虛數呢？在學習過程中有沒有想過虛數的意義？

數學中不求甚解的概念

除了對數學特別拿手的少數學生之外，大部分學生在接觸虛數的「四則運算」或「複數平面」等專有名詞的同時，多半心裡邊想著「大概有這麼回事」，邊機械性地學習吧。我也只知道手不停歇地解開參考書裡的數學題，卻從來沒思考過為什麼要學虛數？虛數有什麼重要？似乎也沒幾位老師會好好地教學生虛數本身所涵蓋的意義，難道是因為他們認為就算解釋了，學生也不會懂，還是因為老師自己也不太清楚，或者是因為根本不會出現在大學入學考試的數學科試卷上？

因為虛數是個很難的概念，所以想著「大概有這麼回事」就跳過去，對正常生活也不會產生影響。那麼，您有沒有想過，為什麼負數和負數相乘，會得到正數呢？-1×-1=1，連小學生都知道這一點，但如果問為什麼是1，又有幾個人能明確回答呢？您能證明嗎？或許您會反問「理所當然的事實」為什麼需要證明？但是為什麼負數乘以負數不能等於負數，理由何在？

「債×債」會致富嗎？

在數學上，「不證自明」的陳述稱為「公理」，例如「必定有通過平面上兩點的直線存在」就是公理。這種公理在數學上沒有幾個，因此負數乘以負數等於正數是必須證明的。很多人都說邏輯上「否定的否定就是肯定」，但在數學上卻不算嚴謹的證明。*41*

《紅與黑》一書的作者，法國小說家斯湯達爾（Stendhal）曾在自傳中寫道，由於無法理解為什麼負數乘以負數會變成正數，所以很長一段時間都很痛苦。數學家朋友們再怎麼解釋給他聽，他也搞不清楚。令他感到困惑的疑問是：一萬法郎的債務乘以五百法郎的債務，會產生出五百萬法郎嗎？是他對數學一竅不通，還是數學家朋友們沒能向數學門外漢的斯湯達爾解釋清楚呢？我們無法指著斯湯達爾大罵無知的原因在於，即使是大名鼎鼎的數學家也搞不清楚負數的概念。

何謂真正的知道？

也許有人會認為，不懂「負負得正」的數學法則也無所謂，但我們跳過了類似上述斯湯達爾的疑問，直接吸收了這個概念，本身就是很大的問題。要說自己「真正知道了什麼」，就必須自己能證明和理解。您知道居里夫婦發現的放射性元素「鐳」，曾經作為增強劑和健康食品使用嗎？美國的百萬富翁拜爾斯（Eben Byers）在居里夫婦已經對放射能的危險提出警告的情況下，依然在數年內服用了含有鐳的飲料「鐳釷水（Radithor）」一千瓶以上。他堅信這飲料是萬病通治的靈丹妙藥，但卻在五十一歲的壯年就離開了人世。[42]作為一名業餘高爾夫選手，有著健壯體格的他，死時卻瘦骨嶙峋，而他的死因無疑是鐳中毒。他憑什麼相信鐳是萬病通治的靈丹妙藥呢？

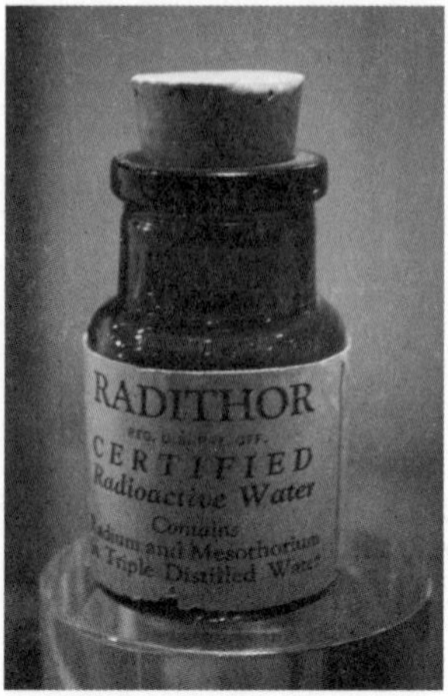

鐳釷水從一九二五年到一九二八年被當作營養補充飲料銷售。

「相信」和「知道」是兩回事，

能夠證明自己所相信的，才算真正的知道。物理學家費曼說，如果連之前的學者已經證明的事實都不能靠自己的力量證明出來，就不算知道那件事。想宣稱自己「知道」負負得正的事實，就得自己先證明出來才行。也許會像斯湯達爾那樣頭痛不已，但我們必須記住，人生的智慧是經由對如此單純、看似不言而喻的事實提出質疑，並努力尋找答案而得到體會的。

37 迷信所具有的科學效果

在面臨重要決定時會去算命的人，可能比我們想像中的還要多。很多運動員都相信自己身上帶著厄運，所以在比賽前會進行一套獨有的步驟讓自己安心。雖然迷信本身不科學，但諷刺的是，從科學上卻證明了迷信對我們的心理產生某種效應，不過當然不能因此就盲目相信。

因為我預想公司總有一天必須搬到更大的空間去，所以將還在使用的辦公室提前交給房地產仲介公司招租。由於經濟不景氣，幾乎無人問津，因此我向朋友發牢騷、問該怎麼辦才好。有趣的是，朋友們都勸我嘗試各種開運方法，有人說到生意興隆的烤肉店偷把剪刀倒掛在辦公室裡，也有人說把韓國百家姓寫下來貼在鞋櫃上。雖然不知道這類迷信從何而來，但緊急關頭我也顧不了這麼多，認為試一試也好，就上網搜索了百家姓。

明星傳染的感冒病毒具有特殊能量?!

「科學」的相反詞是「不科學」——但通常稱為「迷信」。在沒有科學根據的情況下廣泛傳播的方法多到不勝枚舉。最近我對舊物越來越有興趣，就在一個二手貨買賣網站上以六萬韓元購買了一個一九七六年製造的掛鐘。這個掛鐘可能太老舊了，走沒幾分鐘就停擺。

我的工作夥伴斥責我：「不要掛快要壞掉的鐘！」可能是因為她心裡不喜歡古董，所以才那麼說。她對著正在閱讀過期雜誌的我說：「不要把過期雜誌放在桌上！」又說「馬桶蓋要蓋起來」、「不可以把比人高的盆栽放在旁邊」等等，說了一堆在我聽起來就像是迷信的建議。

以女性人權運動領袖嶄露頭角的好萊塢女演員史嘉蕾・喬韓森（Scarlett Johansson），也有她深信不疑的事情。史嘉蕾曾在電視節目上表示，她曾經被演員山繆・傑克森（Samuel L. Jackson）傳染了感冒，她坦承：「我不想從那場感冒中痊癒，因為是明星傳染給我的感冒，不知為什麼感覺很有價值。」她邊說邊用衛生紙擤了擤鼻涕。難道她相信像山繆・傑克森這樣的大牌演員透過感冒病毒傳給了她特殊能量嗎？因為是被山繆・傑克森傳染的感冒，史嘉蕾擤的鼻涕，該有多貴重啊！事實上，即使是名人的感冒，其病毒的結構也沒什麼不同。但令人驚訝的是，那張衛生紙竟然在慈善拍賣會中以五千三百美元的價格售出，真是一樁展現出人們有多麼迷信的小鬧劇。

迷信雖然不科學，但很有效果

那麼，在什麼情況下人們的迷信行為會加劇呢？有人認為，迷信也算是人類克服壓力，確保一切盡在掌控中的防禦策略。波斯灣戰爭正熾時期，以色列臺拉維夫大學（Tel Aviv University）的學者基能（Giora Keinan）提出了「在不確定、壓力大的情況下，人們會執著於迷信思維」的假設，並以一百七十四名以色列人為對象展開了問卷調查。[43]結果顯示，與回答者的教育水準無關，生活在飛彈攻擊機率較高的城市裡的人，比沒有處在這種情況之中的人更依賴迷信思維。

因此在漁夫——最危險的職業之一——之間便流傳著「吃魚時不可以翻魚

身」、「不可以和出海的漁夫打招呼」等說法，各種禁忌之多，原因就出於此。而因為辦公室租不出去而焦慮不安的我，之所以會陷入迷信的誘惑中，原因也在此。

迷信本身是不科學的，但科學已經證明，迷信某種程度上具有減輕壓力和提高掌控感的積極效果。在以色列和巴勒斯坦之間的衝突達到高峰的二〇〇〇年代初期，人類學家薩斯奇（Richard Sosis）向沒有宗教信仰的以色列女性詢問如何改善兩國現況的方法。[44]百分之三十五的女性回答唱讚美歌。而實際上，會唱讚美歌的女性對恐怖主義的恐懼也確實較少。

心理學家達米施（Lysann Damisch）所得到的結論是，在高爾夫比賽中，聽過使用的球是進洞率很高的「幸運球」的選手，跟沒聽過的相較，有百分之三十五的機率打得更好。[45]這意味著，只要運氣相伴，自信心就會成倍增加，實力也會隨之提高。

不管是否滿意，迷信的效果確實存在。即使沒有科學上的證明，但若有助於改變自己的人生，相信一個小迷信也不錯吧？

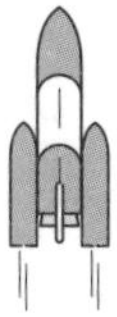

第三部

生活中無所不在的科學應用

38 為什麼喝咖啡會讓人睡不著？

有人喝十杯咖啡一點事都沒有，有人只喝一杯就心跳加速。眾所周知，這是受到了咖啡因的影響。但一個人的體質對咖啡因會不會敏感，又是如何決定的呢？

以二〇一八年為準，韓國進口了約十六萬噸咖啡，高居世界第六位。[1] 全韓國的咖啡專賣店約有五萬家，數量已經超過便利商店、炸雞店和麵食店。[2] 街上走沒幾步就有一家咖啡店，而且每家都生意興隆。那麼，我們對咖啡這種大眾化飲料的科學知識，又了解多少呢？

咖啡因如何欺騙身體

最普遍的問題之一，就是為什麼喝咖啡會睡不著？眾所周知是因為咖啡裡含有約百分之一點五左右的咖啡因。咖啡因本身的顏色是和咖啡顏色相近的深褐色，但結晶體狀態的純咖啡因卻是白色的。

我們的身體一旦疲勞就會生成一種名為「腺苷」（adenosine）的物質，但是腺苷會與神經細胞的腺苷受體結合，使神經細胞活動變得遲緩，讓人產生昏昏欲睡的感覺。這是藉由睡眠來減少腎上腺素濃度、恢復活力的自然過程。

問題是咖啡因的分子結構類似於腺苷，會代替腺苷與腺苷受體結合，如此一來，身體不僅不知道疲勞，還誤認為已經恢復了活力。另外，咖啡因還能收縮血管，提高血壓，刺激肝臟的血糖分泌，使肌肉處於運動狀態，所以喝了咖啡才會睡不著覺。就算是號稱低咖啡因的咖啡，其咖啡因含量也有十毫克（一般咖啡的百分之一到三）左右，因此對咖啡因敏感的人喝了還是會失眠。

為什麼會出現不喝咖啡就感到不安的「咖啡成癮」症狀呢？因為我們的身體用假冒的方式消除了疲勞，於是就需要更多的咖啡因。事實上，咖啡因成癮可以視為一種輕度毒癮，咖啡因會刺激既是毒品成分又是神經傳導物質的「多巴胺」分泌，而多巴胺會再次刺激神經細胞，提高快感。想和心儀對象約會時，我們常說：

「有時間和我喝杯咖啡嗎？」這句話還真的有其科學根據和效果。

讀了以上說明之後，或許有人會反問：「我喝了咖啡也不會失眠啊！」這是因為他們體內的 CYP1A2 基因，或藉由尿液排出咖啡因。美國哈佛大學康奈利斯（Marilyn Cornelis）博士的研究顯示，帶有越多可以快速代謝掉咖啡因基因的人，喝了咖啡也不會影響睡眠，甚至一天喝四到五杯咖啡都沒問題。[3]因為通常要將進入體內的咖啡因濃度減半時，需要花費六個小時的時間，但這些人卻能夠在更短的時間內排出咖啡因。

飲用咖啡對健康的好處與壞處

喝咖啡的風氣興盛後，有關「咖啡對身體造成影響」的討論意見紛云。咖啡有利尿作用，會使得體內水分減少，在此過程中，每杯咖啡會造成四到六毫克的鈣質流失。更年期女性或過度節食的人，會出現骨質疏鬆症或關節骨折的危險，所以喝完咖啡之後，最好要攝取鈣質含量高的食物。

另外，咖啡會妨礙人體吸收鐵和鋅，對貧血患者、神經功能或生殖功能異常者有不良影響。飯後之所以想喝咖啡，是因為咖啡會使得胃液分泌旺盛，促進消化的緣故。但空腹喝咖啡的話，會導致胃液分泌過多，胃壁受損，引起胃潰瘍，要多加注意。

不過近來有不少研究結果證實，咖啡對慢性壓力、注意力不足過動症、阿茲海默症等具有一定的療效，因此不能說咖啡有礙健康。而關於咖啡所含的咖啡因和多酚（polyphenol）等成分可以預防肝癌、腦腫瘤、皮膚癌的研究報告，也滿足了眾多咖啡愛好者的心理。

有越來越多的人在家以濃縮咖啡機或手沖方式萃取咖啡，享受咖啡的美味。這也意味著對美味咖啡的需求大幅增長，但如何以科學方式定義最美味的咖啡呢？美國咖啡釀造中心（Coffee Brewing Center）多年來透過咖啡鑑定師所進行的實驗發現，最佳的咖啡濃度為1250ppm（1ppm=百萬分之一）。[4]咖啡豆中可溶於水的成分約為百分之二十八，比起完全萃取，只萃取百分之十六到二十二溶於水中，口味及香氣最佳，過度萃取反而會使口味變澀。不過最可口的咖啡應該是在寒冷冬天和心愛的人坐在房間裡一起喝的咖啡吧？這是因為低溫會防止咖啡的香氣擴散，而且如果窗外正下著雪，氣味就會更香醇。

39 環境太乾淨，氣喘患者反而激增

預防接種是指故意讓身體暴露在少許病菌之下，使其產生抗體，增強免疫力。但隨著空氣清淨機和真空吸塵器等淨化空氣技術的發展，卻可能會奪走我們體內的「天然疫苗」。

人類未能絕跡的病症中，第一名是感冒，第二名是癌症，那麼第三名是什麼呢？沒想到竟然是氣喘。氣喘是因為肺裡的氣管變得狹窄，呼吸時氣管發出嘶嘶聲，或突然咳到無法喘息的症狀。

氣喘是由支氣管過敏反應所引起的疾病，而家庭灰塵、黴菌、蟎蟲、花粉、動物毛髮等誘發因子，則統稱為過敏原。醫生建議，若想預防氣喘發作，就得注意盡量不要暴露在過敏原之下。但目前尚不清楚氣喘發作的原理，因此也還沒能找到有效的治療方法。

氣喘患者的數量自一九七〇年以來每十年增加百分之五十左右，一九八〇年之後開始激增，每天有十四名患者死於氣喘。因此有個不好的預測：如果氣喘以這種速度擴散的話，到了二〇二〇年，每十人中將有一人罹患氣喘。

令人奇怪的是，氣喘患者驟增的現象並未出現在落後國家，而是出現在紐西蘭、英國、荷蘭、日本、澳洲、芬蘭等先進國家。雖然生活環境比落後國家乾淨得多，暴露在過敏原之下的程度較低，但氣喘卻讓生活在先進國家的人，尤其是兒童，飽受其苦。

無塵室使肺的免疫力不足

有各種假設試圖說明氣喘盛行於先進國家的理由。第一種說法是通風不良的住宅結構和供暖過度，導致氣喘患者驟增。但是從「吸入灰塵」的實際數量來看，和過去被各種髒東西包圍的情況別無二致，因此這個假設難以成立。

第二種假設是所謂的「衛生假設」，意思是說人們使用肺這個器官時太小心翼翼了，反而容易發生氣喘。[5]根據美國流行病學調查結果顯示，生活在感染菌種和寄生蟲感染機會較少的環境下的孩子，年齡越大，氣喘發病率越高。衛生假設的出現就是以此為依據，指出由於環境比以前相對乾淨，所以稍有不潔就會罹患氣喘。也就是說，「灰塵不足」反而會增加氣喘的危險。

假定衛生假設是正確的，那麼可以去除空氣中灰塵和黴菌的真空吸塵器和空氣清淨機，反而有可能是助長氣喘發病的物品。

過去的孩童即使在霉味瀰漫的灰塵堆裡，也能很好地生活，但現在的孩子在被真空吸塵器清掃得乾乾淨淨的家裡像溫室花草般生活，造成肺的免疫力不夠成熟，面對再小的灰塵也無力對抗，因此才會罹患氣喘，不是嗎？空氣清淨機的廣告說，要保持室內空氣乾淨，才能預防氣喘和異位性皮膚炎等疾病，而其效果到底能維持多久，令人懷疑。

聰明使用工具並鍛鍊身體適應環境

但實際上我們很難放棄使用真空吸塵器和空氣清淨機，沒有真空吸塵器，就得用掃帚掃地，這樣會有更多的灰塵在空氣中飄飛。再加上最近居住設施多採用密

《愛麗絲漫遊奇境記》初版中收錄的紅皇后和愛麗絲的插圖。

閉式窗戶，如果室內沒有空氣清淨機，人們就會吸入掃地時所產生的全部灰塵。如此一來，已經變得很脆弱的肺就更容易罹患氣喘。

在卡洛爾（Lewis Carroll）的小說《愛麗絲漫遊奇境記》中，紅皇后命令愛麗絲「妳要一直拚命跑，才能保持在同一個位置」。因為在紅皇后的國家裡，自己動才能帶動周圍的世界跟著動。為了防止氣喘，我們不斷使用真空吸塵器和空氣清淨機，但我們的肺也因此失去了預防能力，變得很脆弱。為了不讓那麼脆弱的肺罹患氣喘，真空吸塵器和空氣清淨機就得日以繼夜地運轉，說得上是「紅皇后的詛咒」。而解開這一詛咒的方法，就是一點一點地容忍「自然髒污」。

但這絕不意味給了日益嚴重的霧霾一塊免死金牌，霧霾和粉塵中滿含成分超越自然髒污的毒性物質，會破壞免疫力，使得身體無法抵抗氣喘等疾病。每當霧霾警報響起時，很多人都會責怪中國，但據說韓國燃煤發電和柴油車的增加也是罪魁禍首之一。這再次告訴我們，聰明掌控工具和科學技術，才是預防氣喘的唯一方法。

40 為什麼地震難以預測？

「亡羊補牢」這句諺語大家都聽過，但在地震預測方面，卻存在著無能為力的地方。因此在進行地震預測的同時，還應該在善後系統上投入更多的關心和努力。

二〇一六年九月十二日，韓國慶州西南九公里處接連發生了芮氏規模五點一和五點八的地震。這是韓國開始觀測地震以來最強烈的一次，嶺南（譯註：朝鮮時代的慶尚道地區，位於朝鮮半島東南部）一帶還有月城核電廠和放射性廢棄物處理廠呢！氣象廳負責人當時對記者說：「今後發生地震的可能性很小。」

但十四個月後的二〇一七年十一月十五日，浦項以北六公里處再次發生了芮氏規模五點五的地震，造成了嚴重的財產損失。地震預測出現如此重大偏差，難道只是韓國自己的問題嗎？

日本地質學家預測，一九七〇年代後期大規模地震將襲擊日本東海地區（譯註：位於日本本州島中部，面太平洋的地區）。一七〇七年和一八五四年在東海地區發生的地震，是日本有史以來最強烈的地震，而這兩次地震的間隔約為一百四十七年。但由於其間隔越來越短，所以實際上推測大約一百二十年後的一九七〇年代後期，將會有大地震發生。不過到目前為止，大地震並未發生。

美國南加州大學研究小組也預測，從地震史來看，一九九五年上半年加州中心地帶將會有大地震發生，而這項預測也出現了偏差。6

板塊結構複雜影響地震預測

地震是對社會基礎設施的無差別破壞和引起大規模人員傷亡的災害，若能在地震發生前發出警告，就算幾分鐘也好，就能防止人員的重大傷亡。儘管投入了巨額資金和研究人力，但令人遺憾的是，至今尚未建立可靠的地震預報系統。颱風、暴雨、暴雪等氣象災害已經能夠進行相當準確的預報，甚至還能預測幾天內的氣象，但是為什麼就無法精準預測地震呢？

根據地球物理學家韋格納（Alfred Wegener）在一九一五年提出的「大陸漂移說」，地殼被分為幾個板塊，每個板塊都漂浮在被稱為「地函」的半固體物質上，彼此推移碰撞，相互聚合。聚合在一起的兩個板塊因為摩擦力而無法動彈，直到某一瞬間滑動開來並一次釋放出所積聚的能量，這就是地震發生的原理。

雖然原理很簡單，但至今仍無法準確預測地震的發生，原因就在於板塊結構的複雜性。

每個板塊由成百上千種岩石所構成，有的岩石鬆軟，有的岩石堅硬，摩擦力也各不相同。施以同樣的壓力，有的岩石很容易滑開，有的岩石則毫不動彈、不斷蓄積能量。而且隨著最早開始滑動的岩石種類，也決定了地震規模的大小，並非大型地震就有特別的成因。根據滑動岩石對其他岩石產生多大影響的細微差異，會發生不同程度的地震，這就是無法預測地震發生的根本原因。

誰也不知道未來何時會發生多大規模的地震，既然無法預測，不如將重點放在地震發生當下的快速警報系統，以及向公眾宣傳如何對應地震的方法。但更重要的是，在地震發生前制定對應方案。因為比起事件發生後的善後工作，作好預先的防範工作，將損失降到最低，才能減少金錢的投入和徒勞的努力。

生活也是如此，預測未來走向比預測地震發生更難。所以與其去預測未來，不如現在先作好萬全準備，才是最聰明的方法。

41 買彩券不如買好吃的東西

「當有人熱切祈求彩券中獎時，神出現了，並且答覆他：「想中獎，得先買彩券才行！」然而，這個人得買幾張彩券才能提高中獎機率呢？

韓國樂透贏得首獎機率為八百一十四萬五千〇六十分之一，或許您會認為這個機率算是滿高的，值得下手嘗試。美國樂透「威力球」的首獎中獎率為一億四千六百一十萬七千九百六十二分之一，與此相較的話，韓國樂透中獎機率大了十八倍之多。但是如果想像下面所說的情況，或許您這樣的想法就會改變。十韓元硬幣的直徑為十八公釐，八百一十四萬五千〇六十個硬幣排列成行的話，長度約為一百四十六點六公里，相當於沿著京釜高速公路從首爾到大田的距離。當您開車行駛在從首爾到大田的路上，並在任意地點停車，撿起一枚自己喜歡的十韓元硬幣，如果這枚硬幣就是您先前擺放的那一枚，您就中了樂透大獎。這麼一想，難道不覺得樂透中首獎的機率很渺茫嗎？

首爾奧林匹克主競技場（Seoul Olympic Stadium）最多可以容納十萬名觀眾入場，與之類似的運動場往兩側排開八十二座。當每座運動場都坐滿觀眾的時候，播報員驚呼：「某某某，你中大獎了！」如果您正好就坐在觀眾席上，宣布中獎者的那一刻，您絕對不會緊張。那些夢想中樂透大獎的人，每週平均看著四到七名中獎者的同時，心裡會想：「怎麼就不是我？」這意味著投注賠率接近0。如果將其改為小數的話，則機率僅有0.0000012而已，所以買樂透的錢還不如拿來買好吃的東西更划算。

預測中獎號碼有多難

當然，您也可以只花幾千韓元，讓自己一整個星期都沉浸在中樂透大獎的美夢中。但是，請勿將錢投注到預測樂透大獎號碼的網站中。雖然這些網站會拿出科學根據，讓人們看得眼花撩亂，但我經過三週時間的追蹤，連命中三個數字的第五獎都沒中過一次，根本就是騙人的。如果事先就知道中獎號碼，藏著不說的話，到時候他們就能中大獎、賺更多的錢，何必告訴別人呢？

有人以頻繁出現的中獎號碼為基礎，挑選六個號碼投注，期待藉此提高中大獎的機率，因為他們相信開獎機率存在偏差，會頻繁抽中某些特定號碼。果真如此嗎？如果到彩券官方網站查詢，就能找到從第一期到最近一期最常被抽中號碼的排名。到二〇一九年七月為止，最常出現的號碼依序是43、27、34、13、1、17（譯註：此為韓國彩券各期的中獎號碼統計結果）。43以一百五十九次出現次數最多，22以一百〇七次出現的次數最少。樂透彩至今已經開獎八百六十期，所有號碼應該平均出現才對啊？怎麼會有數字43的出現頻率是數字22的一點五倍的情形呢？這足以讓我們懷疑裡面是否隱藏著我們所不知道的機制。

但是，之所以會有看似經常出現的數字的狀況，其實是因為到目前為止樂透彩開獎次數太少的緣故。要讓四十五個數字平均出現，樂透彩開獎次數至少要持續進行數十年才有可能。骰子才六個數字，但根據統計，至少也要擲六百次以上，才可能達到六個數字平均分配的程度。那麼四十五個數字平均分配所需要的開獎次數，不知道要多到哪個地步？

刮刮樂上面的神祕記號

您如果對樂透彩的真相感到失望，想買當場刮獎的「福彩」（譯註：韓國的一種類似臺灣刮刮樂的彩券），那就得注意下面這則小故事。加拿大維多利亞大學統計學家斯律法斯塔法（Mohan Srivastava）推測，刮刮樂彩券可能存在某種記號，他認為如果隨機印製刮刮樂彩券的話，可能會發生中獎彩券過多的情況（這麼一來彩券公司就得支付鉅額彩金），為了事先防範這樣的事情發生，彩券公司應該會在彩券上打上只有他們才知道的記號，限制中獎彩券的數量。斯律法斯塔法買了一堆刮刮樂彩券回家，詳細觀察彩券上的數字，還真的讓他找到了中獎彩券的記號。他將此事告知彩券公司，最後彩券公司回收所發行的全數彩券。斯律法斯塔法推測，這樣的問題至今依然存在於多家彩券公司中。

就算生活拮据到覺得「除了樂透，別無選擇」的程度，也不要被中獎祕訣所迷惑。不是有句話這麼說，多買一張樂透彩，中獎機率就多一倍嗎？這種說法的背後所隱藏的含義不是要您心存僥倖，而是告訴您付出多買一張彩券的努力，才有多一分抓住幸運的機會，不是嗎？

42 跟體內的寄生蟲和平共處

我們經常會遇到主次顛倒的情況，雖然也計較過損益，添加各種意義，但若到頭來還是一無所獲的話，最好痛快地放棄。消除寄生蟲的問題也是如此，有時體內有寄生蟲也不見得是壞事。

每個人的體內都有寄生蟲，這雖然不是一件愉快的事情，但卻是無庸置疑的事實。我們通常只將蛔蟲、鞭蟲、十二指腸蟲等線形動物或扁形動物當成寄生蟲，但在鼻梁上繁殖的毛囊蟲也是屬於蟎蟲類的寄生蟲，而作為檢查餐廳衛生標準的大腸桿菌，也是寄生包括人類在內的哺乳類動物腸道蠕動的寄生蟲之一。這些大大小小的寄生蟲不僅會攔截宿主需要吸收的營養，還會從生理上嚴重破壞宿主的器官，引發疾病。因此如果免疫系統無法正常運作的話，寄生蟲甚至會為宿主在維持生命和繁殖後代方面帶來嚴重的負面影響。

為什麼宿主體內會有寄生蟲呢？如果宿主能動員免疫系統將寄生蟲完全消滅，不是更有益於維持生命和繁殖後代嗎？原因就在於，剛開始消除幾條寄生蟲所花費的能量少到可以忽略不計，但接下來每消除一條寄生蟲所消耗的能量，就會呈等比級數遞增。另一方面，宿主消除一條寄生蟲所能得到的利益（保存生命和繁殖後代）卻急速遞減。

宿主會調配體內的寄生蟲數

包括貝恩克（Jerzy M. Behnke）在內的幾位科學家表示，寄生蟲數量遞減的同時，宿主所須負擔的費用反而遞增，所得到的好處反而遞減，所以宿主會在某個時候尋找適當的平衡點。[7]也就是說，宿主會決定體內寄生蟲的最佳數量。如果宿主希望消除超過平衡點以上的寄生蟲，他每除去一條寄生蟲所增加的成本，會大於從中獲得的利益。那麼，嘗試藉由消除寄生蟲來提高維持生命和繁殖後代的企圖，反而會造成生命岌岌可危，生命力下降。因此，宿主會選擇的最佳生存策略，就是與寄生蟲在維持一定均衡的情況下共同生活。

這個平衡點並非固定不變，會根據宿主的狀態調整高低。哺乳幼崽的母大角羊（Ovis canadensis）比沒有幼崽的母大角羊更易感染肺線蟲，因為牠必須消耗大量能量來哺乳，因此分配給消除寄生蟲的能量就會減少，也就得忍受體內存在更多寄生蟲。

另外，哺乳公崽的母羊體內的寄生蟲數量會比哺乳母崽的母羊更多，這是因為餵養公崽比餵養母崽需要花費更多精力。[8]由此可見，宿主的免疫系統可以在繁殖後代和保留寄生蟲之間維持適當的均衡，並且知道如何分配能量，而不會愚蠢到將所有能量都投入在消除寄生蟲上。

對感染的恐懼造成排他性

寄生蟲也會影響人們的生活習慣。一般來說，人們對外部群體會表現出欺生或攻擊的排他傾向，科學家認為這種排他性源自於對「感染的恐懼」。古時候醫術不如現在發達，人們最害怕的事情之一，就是細菌或寄生蟲所引起的瘟疫。人類的免疫系統只學到了處理居住地所存在的寄生蟲和病原菌，帶有「區域性」，自然無力抵抗來自其他地區的病原菌。

科學家的看法是外地人很可能帶來外地的寄生蟲，這種寄生蟲或許會破壞掉「我」已經建立的、適合自己生活地區的免疫系統。這就是本地人不得不排斥外地人的一個生物學根據，而這種無意識的行為也形成了敵視外地人的文化。生物學家芬奇（Corey Fincher）和索恩希爾（Randy Thornhill）進一步發展上述想法，發表了一項研究表示：「生活在有大量寄生蟲地區的人們，更敵視外地人。」[9]

如果有人執迷不悟抱持非常保守的想法，原因很可能就來自於對寄生蟲的恐懼所造成的對新環境和外界的排斥感。要不然就是外地人體內真的有很多寄生蟲，說不定吃點驅蟲藥多少會有點幫助。

43 相信什麼就會看見什麼

世界各地曾經有許多科學家熱中於發現不存在的N射線，到底是什麼蒙蔽了他們的雙眼，影響了他們的判斷呢？事實上，我們也經常陷入這種錯誤中。在這種情況下，我們只能說：「一個人相信什麼，就會看見什麼。」

二十世紀初期，有一位活躍於法國的科學家布朗洛（Prosper René Blondlot）熱中於研究侖琴（Wilhelm Conrad Rontgen）所發現的X射線，有一天當他進行實驗，試圖將X射線發射到石英製成的稜鏡中時，眼角瞥見一絲微光。他怕自己看錯，重複了好幾次實驗，每次都能察覺到一絲微弱的光線。驚訝之餘，他的腦中閃過「這不是X射線，而是一種新放射線」的想法。他將自己所發現的放射線命名為「N射線」，並主張在後續的實驗中，發現了N射線具有不同於X射線的性質，[10]

例如N射線可以輕易穿透可見光無法穿透的物體，像樹木或黑紙，卻無法穿透可見光能穿透的物體，如水或岩鹽。

真的看到了嗎？

N射線的發現讓包括法國在內的整個歐洲為之瘋狂，學者競相報告自己也檢測到N射線。有超過一百位科學家投入N射線的研究，並在兩、三年內密集發表了三百多篇論文，甚至有研究指出，如果朝著眉心發射N射線，會聞到一股從未聞過的味道。人們堅信，布朗洛會繼居里夫婦之後獲得諾貝爾物理學獎。

但是當一位名叫伍德（Robert Wood）的美國科學家對此提出質疑之後，氣氛就出現了逆轉。伍德在與布朗洛一同進行實驗時，偷偷移開了石英稜鏡，並詢問：「檢測到N射線了嗎？」布朗洛並未察覺伍德的小動作，他回答：「檢測到N射線了。」然而原本條件是有稜鏡才能檢測到N射線，因此沒有稜鏡應該檢測不到。

當伍德將此事公開在《科學》期刊上之後，過去爭相讚美布朗洛的人，立場出現了一百八十度大轉變，開始承認自己從未看到N射線，有關N射線的論文也在

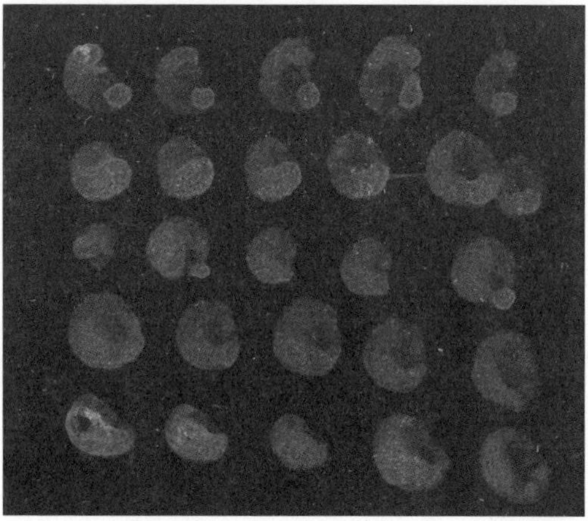

布朗洛聲稱自己發現的N射線模樣。

科學界如退潮般消散。儘管如此，法國科學院（Academie des Sciences）仍然擁護布朗洛，並授予他「文藝復興獎」。也就是說，法國科學院不得不承認布朗洛為落後德國的法國科學界樹立了威信的功勞，但獎章上明示的功勞不是N射線研究，而是「終身成就」。

布朗洛後來克服了千夫所指，出版《N射線》一書，堅持主張N射線的存在，但人們已經完全不再理睬他。一九〇九年他離開了科學界，從此不再露面，過著低調的生活，一直到一九三〇年孤獨離開人世。而此時，N射線早已從人們的記憶中消失。

你的眼角餘光瞄到什麼

N射線的真相究竟是什麼？布朗洛從未「正面」看過N射線，即使是最早他察覺自己發現了N射線時，也只是眼角瞥見罷了。人類的眼睛是由感知顏色的錐細胞和辨識明暗的桿細胞所組成，位於眼睛邊緣的桿細胞感覺更敏銳。即使眼珠朝著正面，眼睛也能察覺到從側邊傳來的微弱光線，進而應對周遭的變化，關鍵就在於桿細胞。但問題是桿細胞過於敏感，即使是眼角餘光所察覺到的光線，感覺上也會比原本更明亮。布朗洛之所以在X射線接近稜鏡的瞬間，眼角感覺到有什麼亮起，不是因為有N射線的存在，而是他的桿細胞功能被啟動了，N射線是他眼睛所製造出來的錯覺。

眼見不一定總是為真。正如布朗洛的故事所顯示的，利用我們身體的感覺器官進行觀察並不客觀。因為感覺器官的演化是朝著促使人類生存極限化的方向，而不是朝著做出明確判斷的方向發展。因此對於「眼見為實，耳聽為真」這樣的說法，有待商榷。

在布朗洛公布N射線之前，早就因其科學成就卓著而受到高度推崇。或許有人會嘲笑他盲目相信N射線的存在，但實際上真正應該受到批評的，反而是在一旁敲邊鼓說自己也檢測到N射線的那些科學家。他們為什麼要針對根本看不見的N射線發表數百篇論文呢？原因就在於他們想在當時屬於尖端科學的放射線領域，藉由N射線的研究攫取名聲。這種想分一杯羹的私心，讓原本無形的N射線變成有形，嚷嚷得好像N射線真的存在似的。

看得見的東西不一定重要，聖修伯里（Antoine de Saint-Exupery）的作品《小王子》中的那隻狐狸，就深明這句話的涵義——「真正重要的東西，用眼睛是看不見的。」

44

為什麼大多數人慣用右手

為什麼世上的右利者多於左利者呢？從演化的角度來看，推測應該是因為右利倖存者比左利倖存者多的緣故，但不能據此說右利者優於左利者。

暫時先放下書，雙手十指交握，哪隻手的大拇指在上呢？雖然不是定論，但通常右利手是右手大拇指在上，左利手是左手大拇指在上。動物行為學家莫瑞斯（Desmond Morris）表示，人類平時的行為會重複數千次，因此會在不自覺的情況下自動做出這個動作。[11]這就是為什麼當十指交握時，可以從置於上方的拇指看出哪隻手占優勢的原因。

但這不是很奇怪嗎？為什麼人類的右利者比左利者多得多？一個人只有兩隻手，照理來說右利手和左利手的人數應該五十對五十才對，為什麼左利者只占了十分之一左右，而這些左利者中又有約百分之一的人是兩手都能用的「雙利者」呢？有人說，左利者之所以隱藏自己的習慣像右利者一樣生活，是因為他們在文化上被迫使用右手，而市面上的東西也大多是為右利手所準備的。但是如果從史前時期的手斧全都是右利手用這點來看的話，上述的回答並未命中問題核心。如果這樣的主張果真正確，那麼就應該另有一個崇拜左手、輕賤右手的文明或社會群體才對，然而這世上無論什麼地方都不曾看到有左利者得勢的社會存在。

為了保護心臟較常使用右手

就算是觀察小孩，也可以知道人類一般是慣用右手的。如果有機會觀察抱著孩子的母親，可以看看她是用哪隻手抱孩子。不管母親是左利手還是右利手，十有八九是用左臂抱孩子。因為這樣可以讓孩子聽到母親的心跳聲安靜下來，這是身為人母的一種不自覺行為。因此孩子的右臂不是必須伸到母親的左腋下，就是得按在母親的胸部上，於是孩子就只有左手能用。儘管孩子處於很可能成為左利者的發育條件下，但隨著時間過去，孩子還是成了右利者。由此可知，右利者占多數的原因，不該從文化條件，而該由人類演化特性中去尋找。

從表面上來看，人體是左右對稱的，但其實並不是一個完美的對稱，因為作為重要臟器的心臟偏向左側。在道路上行走時，倚著牆壁靠左走應該比較方便，因為人會不自覺地認為這樣較有利於保護心臟。因此在與敵人對決的時候，比起只能緊貼牆壁、空間上受到限制的左手，右手更能有效威脅或防禦對手。

讓我們再回溯到人類生活與猿猴無異的時代，用右手摘取樹上的果實必然更安全，因為就算不小心從樹上掉下來，心臟也不會那麼危險。因此演化的過程中，左利手不得不面對退場的威脅。雖然韓國當局曾經推廣過行人靠右走運動，卻沒能固定成為一種習慣，原因似乎從這裡就可以找到，人類保護心臟的不自覺行為強大得超乎想像。

演化與文化上的壓力影響人慣用哪隻手

右利手占多數還有另一個原因。眾所周知，左腦控制右半邊身體，右腦控制左半邊身體。比起該保護心臟的左手，人類最初的語言很有可能不是使用左手，而是使用右手來表達和輔助的，因為左手必須保護心臟。而和語言相關的區域也藉由頻繁地使用右手，才在左腦占據一席之地。隨著左腦的發達，人類也越發頻繁地使用右手，自然而然右利者就變多了。

一般來說，寫字從左向右寫，鋼琴鍵盤越往右音階越高，運動場跑道循逆時針方向跑，原因並非在於想迫使人們成為右利者的文化脅迫，而在於人類的演化特性。雖然從文化上來說，在右利者得勢的情況下，左利者的存在日漸困難，這是不爭的事實。但應該說，當初由於演化上的特性，才衍生出文化上左利者也備受壓力的情況才對。

或許正因為這種演化上和文化上的壓力，左利者顯得比右利者脆弱。根據中瑞典大學（Mid Sweden University）的羅德里格斯（Alina Rodriguez）教授的一項研究結果發現，左利手的人患有相對較多的精神疾病，例如閱讀障礙、思覺失調症和注意力不足過動症。[12]也有人說，如果產婦在懷孕期間罹患憂鬱症或感受到嚴重壓力，生下來的孩子成為左利手或雙利手的可能性高達三倍。

本文的目的並不是要說右利者比左利者好，只是想表達因為人類心臟意外偏向左側，所以右利手比左利手多得多罷了。英國倫敦大學麥克麥納斯（Chris

McManus）教授以自己的研究為根據對此做出了結論：除了全世界有百分之十的人口使用左手的次數較多之外，不存在其他的意義。[13]這也表示不管哪隻手使用的次數較多，都有其優缺點。

45
笑容帶來幸福

俗話說「笑一笑幸福到」、「伸手不打笑臉人」，這可是有科學根據的。即使是勉為其難地笑，除了讓自己身心愉快，還能影響到對方。

患有先天性面部肌肉麻痹的罕見疾病「莫比烏斯症候群」（Mœbius syndrome）的患者，不管高興或難過，都無法做出任何表情。

看到令人捧腹大笑的諧星，也無法盡情歡笑的這些人，心情又是如何呢？如果想間接體會一下他們的情緒，可以用透明膠帶封住整個嘴部，再觀賞「搞笑演唱會」（개그콘서트）之類的節目看看。

假設必須用膠帶封嘴度過一整天，先不管無法張嘴進食這件事，可能不到幾分鐘幸福感就會下降，到最後陷入沮喪的狀態。因此，患有莫比烏斯症候群的人通常會比一般人感到不快樂，而且也很難與他人建立良好的人際關係。只要想想自己一臉親切地靠過去，對方卻面無表情時心裡所受到的傷害，就能想像莫比烏斯症候群患者在社交生活中會受到他人如何的對待。

保持笑容看什麼都感覺有趣

經常暴露在外的臉部是身體最敏感的部位之一，儘管在我們身體中所占的面積相對較小，但小小的一張臉就塞滿了眼輪匝肌、皺眉肌、降口角肌等大約四十塊肌肉。這些面部肌肉以複雜而微妙的方式來表達從大腦接收到的情緒，再將「正處於如此情緒狀態」的訊息回饋給大腦。

透過心理學家施卓克（Fritz Strack）的實驗，很容易看出面部表情會導致情緒變化，而情緒會反過來對判斷機制產生不利影響。施卓克將參與實驗的人分為兩組，每組用牙齒或嘴唇咬住一支原子筆的筆尖。[14]您直接試試看就知道，用牙齒咬住筆尖時，嘴唇會不由自主向兩側裂開，露出微笑的表情。如果只用嘴唇咬住筆尖，嘴唇會向前突出，兩頰內縮，就像板著一張臉一樣。施卓克要求參加者咬著筆尖看四部漫畫，再評價漫畫是否有趣。用牙齒咬住筆尖的人，比用嘴唇咬住筆尖的人，相對覺得漫畫更有趣。由此可知，面部表情所產生的情緒會回饋給大腦，而大腦所感知到的情緒則會回饋給判斷機制。

因此，要注意以人為方式去除皺紋的肉毒桿菌素注射手術。隨著年齡的增長變得越發明顯的皺紋，是經常使用哪些面部肌肉的重要指標，而不是表示衰老。如果您平素常笑，常做出愉悅表情，眼尾的放射狀皺紋就會很明顯，而且嘴部周圍的法令紋也會加深。如果為了消除像安東的河回面具（譯註：韓國的安東河回村以面具聞名於世，不管是哪一種臉孔的面具，鼻翼兩側都有尾端朝上的深紋，看起來就像在笑）一樣讓人看了就想笑的「笑紋」而注射肉毒桿菌素，就算外表看不出實際年齡，也會因此無法正確表達想笑的情緒，或許在人際關係上會受到挫折也不一定。臨床護理師科利（Hellen Colier）從實驗結果發現，注射了肉毒桿菌素之後變得「表情嚴肅」的青少年，無法自然地感受到自己的情感，也變得不擅於表達情緒，就是最好的證明。15

打肉毒桿箘的最佳部位是……

注射肉毒桿菌素最大的問題是無法正確感知他人的情緒。心理學家尼爾（David Neal）要求實驗參加者猜測照片中人物的情緒，結果注射肉毒桿菌素的參加者的正確率相對較低。[16]

我們的大腦中有一個「鏡像神經元」（mirror neuron）會讓我們對他人的情感產生共鳴，也許在將對方的情感用自己的表情複製後傳達給鏡像神經元的過程裡，肉毒桿菌素從中阻撓了吧。

如果以美容為目的注射肉毒桿菌素，比起用在笑臉皺紋上，還不如用在撫平皺眉或生氣時產生的皺紋上。位於雙眉之間的川字紋是最具代表性的「煩躁皺紋」，根據美國馬里蘭州皮膚科與整形外科協會（Bematology snd Cosmetic Surgenry Associates）所發表的研究結果顯示，在川字紋處注射肉毒桿菌素的憂鬱症患者中，有九成病況開始好轉。[17]因為他們是對其他藥物和心理治療都沒有反應的患者，所以其意義更加重大。保留笑臉皺紋，撫平煩躁皺紋，這才是正確活用肉毒桿菌素的方向，不是嗎？

接受肉毒桿菌注射素手術與否是個人自由，但想到莫比烏斯症候群患者的痛苦，請記住，「能笑就是福。」

46 心電感應不是超能力，而是通訊革命

人類的通訊技術從烽火、信鴿發展到網際網路和移動通訊，克服了地理上的限制，而現在更透過表情符號、翻譯服務和社群網站跨越了語言隔閡。但如果心電感應被商業化，連心理隔閡都被打破，我們的日常生活會出現什麼樣的變化？

每個人小時候大概都玩過用手指頭抵著太陽穴模仿心電感應，玩「我傳電波給你，猜猜我在想什麼？」的遊戲吧？在科幻電影中，心電感應就像中藥店的甘草一樣，其典型模式可以從電影《阿凡達》（Avatar）中找到。眾所周知，電影中潘朵拉衛星的原住民納美人和人類在衛星上開採一種名為「難得素」的罕見礦物，雙方先是進行合作，繼而相互交戰。進入膠囊艙的主角透過傳感器將自己大腦中所產生的想法傳遞到阿凡達的大腦，阿凡達再照著主角的想法移動肢體或直接轉移情

感。也許很多觀眾看到心電感應在兩人之間來回穿梭，將彼此各種感覺和情感在無干擾的情況下連結在一起，會認為：「電影嘛，當然有可能！」

但心電感應不是超能力，而是科學，許多科學家正就心電感應提出各式各樣的研究結果。人類的大腦是帶電的，在思考各種想法的過程中，大腦裡的電子會活躍地移動，並將一種無線電波發射到空中，這就是心電感應。但由於強度太弱，所以無法傳送到很遠的地方，很快就會被各種雜音所干擾。即使在毫無雜音干擾的狀態下，將自己的想法發送給其他人，人類也沒有解讀這個電波的能力。

如果只要動念頭就能超控機器……

但是科學家表示，在機器的幫助下，只要動動念頭就可以打電話、開車、寫很精采的文章。如果讓實驗對象戴上連接多部腦電圖（EEG）的頭盔，並出示手提包的照片，電腦就會以每百萬分之一秒讀取實驗對象的想法，猜中他正在看手提包。美國加州大學柏克萊分校的帕斯利（Brian Pasley）以電腦進行實驗，成功猜中了實驗對象腦中所浮現的單字。[18]此外，奧地利的研究人員還曾經在世貿展覽會上展示一種利用腦電圖掃瞄的裝置，僅憑思考就能每分鐘輸入五到十個字母。[19]

目前這項技術僅限於因中風、肌肉萎縮症或肌萎縮性脊髓側索硬化症（漸凍人）而全身癱瘓的患者，透過電腦進行簡單對話，但在未來，似乎可以在大腦中植入晶片，而無需戴上笨重的頭盔，就能將心電感應普遍應用在日常生活中。任何人都可以在沒有鍵盤或滑鼠的情況下，只要「想一想」就能編寫電子郵件或與遠方的朋友聊天。作曲家也能直接在電腦上繪製樂譜，而無須翻開樂譜或打開錄音設備來記錄腦中浮現的旋律。

心電感應在戰鬥中能不能發揮作用呢？因為槍聲和爆炸聲會導致小隊長的命令無法傳達出去或遭到誤解，而心電感應則完全消除了這種情況。儘管還有很長的路要走，但科學家正逐步將心電感應發展成如智慧型手機一樣，可以讓人類自由使用。

網路技術傳遞心電感應

心電感應若能實用化，其最大的魅力就在於可以將自己的想法傳送給遠方的對象。美國杜克大學的尼可列利斯（Miguel Nicolelis）讓一隻腦中植入晶片的猴子在跑步機跑步，然後透過網路將大腦訊號發送給遠在日本東京的科學家。[20] 結果，接上網路的機器人完美重現了猴子的步伐。

二〇一三年，人與人之間的交流實驗終於取得了成功。當發送方在玩電子遊戲時，想著用右臂發射大砲的動作，接收方就會忽略自己的意志而揮動右臂。[21] 如果這種技術變得更精細，美國的朋友就能真切感受到我乘坐雲霄飛車時的感覺。

心電感應不再是科幻小說裡的故事，但也因此讓人感到害怕，擔心會不會把他人傳送到自己腦中的想法，誤以為是自己的想法？哪些是自己的想法、哪些是他人的想法？中間的界線也變得很模糊。就如同基因工程一樣，心電感應倫理也可能很快就會被提起，因此應該提前做好準備。

47 鯊魚鱗片啟發風力發電技術革新

在各種再生能源中，最先工業化營運的風力能源，被歐盟認為是在實現二〇二〇年再生能源目標上做出最大貢獻的能源。韓國風力發電的目標是在二〇三〇年將再生能源的比重提高到百分之二十，那麼現在到了何種程度的水準呢？

每次去歐洲出差，開車行駛高速公路的時候，都能看到豎立在遼闊草原或山丘上的風力發電機。最初我為之嘆為觀止，拿起相機拍個不停，但後來看得多了，就變得沒什麼感覺。在穿越荷蘭的途中，我經過阿姆斯特丹近郊的小村莊贊斯堡風車村（Zaanse Schans），看到了做為風力發電來源的風車。這個地區因貿易和漁業的繁榮發展，在十七、十八世紀就有多達數百座左右的風車運轉。但是隨著蒸汽機發明，風車數量逐漸減少，如今由於柴油機融入了日常生活當中，風車淪為觀光用途，數量只維持在十座左右。

在這裡，只要支付四歐元的入場費，就可以看到花生榨油和製作染料粉的過程。與目前使用柴油機和電動馬達的方法相比，這項作業簡直慢得令人難以忍受。但與此同時，也可一窺過去在荷蘭海面高於陸地的貧瘠環境中，墾荒開地的人所具有的智慧。

風力發電的效率受到質疑

如果風能使石磨轉動，那麼是否也能發電呢？一八五二年美國製造出第一部連接發電機和蓄電池的風力渦輪機，一八九一年丹麥氣象學家拉克爾（Poul La Cour）經過長期實驗，首次製造出風力發電機的原型，從此也開啟了風力發電的歷史。拉克爾將從北海和波羅的海吹來的強風作為電力生產的資源，之後荷蘭工程師透過將葉片做成流線型等技術改善，完成了由三片葉片組成巨大電風扇形狀的風力發電機。

風力如何發電呢？現在不知道還有沒有，我小時候騎的腳踏車，手把下方會加裝一個燈泡，沿著電線下去，有一個接在車輪上隨之轉動的小發電機。每次車輪旋轉就會帶動發電機，根據腳踩踏板的速度，燈泡會時明時暗。風力發電的原理也完全相同，風力發電機裡面形狀類似風扇馬達的主發電裝置部分，稱為「短艙」（nacelle，即發動機），就是這個裝置將風力轉化成電能。

風力雖然是綠色能源，但每次討論擴大風力發電規模時，發電效率就會受到質疑。電力生產的主力軍——火力發電的效率為百分之四十到五十，水力發電為百分之八十到九十，而風力發電的效率則只有百分之三十。效率相對較低沒錯，但和作為替代能源而備受關注的太陽能發電效率百分之八到十五相比，效率還是算相當高的。22

鯊魚鱗片提高風力發電效率

幸運的是，隨著技術的發展，風力發電的效率正逐漸提高。德國具有代表性的弗朗和斐協會生產技術和應用材料研究所（Fraunhofer IFAM）表示，如果將鯊魚鱗片的結構套用在葉片上的話，不僅能減少葉片旋轉時所產生的噪音，還能將

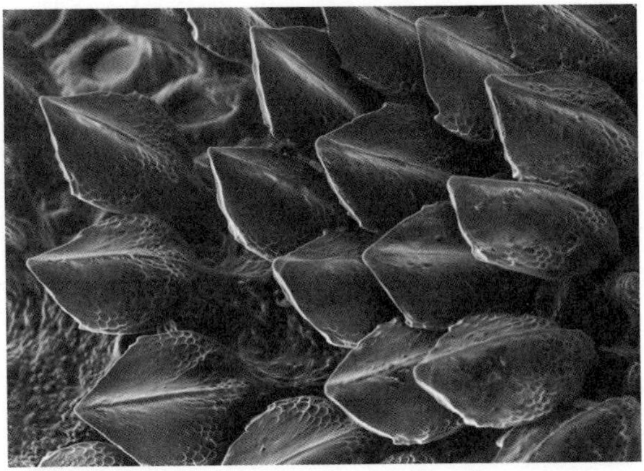

鯊魚皮鱗片的放大照片，鯊魚皮鱗片技術不僅用於泳裝和風力發電機葉片，還用於輪胎、潛水艇和飛機製造上。

效率提高百分之三十以上。[23]鯊魚游水時會產生小漩渦，魚皮上的鱗片可以排開漩渦，避免碰觸到魚皮，讓較少的力量快速游動。世界級游泳運動員菲爾普斯（Michael Phelps）在二〇〇八年北京奧運上穿著「鯊魚泳衣」獲得八面金牌，一度成為熱門話題，而Fraunhofer IFAM也利用了奈米技術成功將鯊魚鱗片實用化。

如果有機會去歐洲旅行，不要只去觀光，去體驗一下他們在能源上的努力，不也很好嗎？尤其推薦丹麥的米德爾格倫登（Middelgrunden）。這個地方以一整排矗立在海上的二十座風力發電機而聞名，是遊客愛去的景點。出人意料的是，已有八千五百多名居民組成了合作社，共同投資興建發電廠。他們靠著出售在此製造的電力，獲得了很高的收益。[24]

儘管韓國在大關嶺的三養牧場也有風力發電機，但與依靠風力就能生產百分之一百四十電力需求的丹麥相比，只能算起步階段。[25]政府和民間私人企業是否應該更加關注風力等替代能源的投資和技術開發，為減少火力發電所產生的霧霾和對因石油枯竭做好準備？

48 人工智慧與機器人即將統治人類？

二〇一八年離開人世的天才物理學家霍金（Stephen Hawking）生前在一個會議上說過：「AI的創造將導致人類的終結，一百年後機器人將統治人類。」人工智慧和機器人的發展果真會威脅人類的未來嗎？

二〇一六年三月九日至十五日，在眾所矚目之下，谷歌的人工智慧圍棋軟體AlphaGo與韓國圍棋九段棋士李世乭對決，結果AlphaGo以四比一獲勝。AlphaGo連贏三場，加上最後的第五場也獲勝。這個結果讓許多人感到不安，深恐機器會在不久後超越並征服人類，但同時又對人工智慧的實現與未來深感興趣。

這比起一九九七年IBM的深藍（Deep Blue）擊敗西洋棋世界冠軍卡斯帕洛夫（Garry Kasparov）時更令人驚訝和恐懼，可能因為圍棋的盤面變化高達十的一百七十次方，比西洋棋複雜得多。

這樣的強強對決，似乎讓人們對人工智慧的能力有了實際的感受。而實際上在某些領域裡，人工智慧早已超越了人類的能力。

於二〇一一年二月的答題競賽節目「危險邊緣」（Jeopardy）中獲勝的IBM人工智慧電腦「華生」（Watson），在癌症的診斷方面已經超過了醫生。癌症專科醫師的早期誤診率為百分之二十到百分之四十四，而「華生」的誤診率僅為百分之二到百分之九。[26]瑞士信貸銀行提交了一份利用人工智慧協助做出投資決策的報告，據說該報告的頁數比分析師寫的多出三倍，且具有很高的品質及一貫性。[27]Google人工智慧開發主管庫茲威爾（Ray Kurzweil）宣布，到二〇四五年，人工智慧將超越人類的智力和能力。[28]

人工智慧該學的還很多

我們需要害怕人工智慧威脅人類的職業和生存嗎？臉書上流傳著「這有什麼大不了？電鍋從很早以前就比我會煮飯」這樣的玩笑話。韓國哲學家金容沃也一語道破：「人什麼時候贏過機器？在計算方面甚至還輸給巴掌大的計算機。」[29]就像汽車是為了快速奔馳而製造的一樣，AlphaGo 也只是為了下棋而製造的機器罷了，就算在圍棋中打敗了李世乭，也沒必要危言聳聽：「機器掌控人類的終結者時代即將到來。」

因為正如日裔美籍物理學家加來道雄（Michio Kaku）所說，人工智慧至今還無法解決「形態辨識」和「常識」這兩項基本問題。[30]人類可以辨識眼中所見的物體是白色杯子還是白色肥皂，但機器若想達到這個水準，就必須收集世界上所有物品的大量資料，而且必須瞬間計算出來，再加上還得考慮到物體所在的周邊環境變化，因此絕非一件容易的事情。

讓機器擁有常識也同樣困難，就像「媽媽年紀比女兒大」一樣，若想讓電腦表現出四歲孩子的常識水準，需要設計數千萬行的程式，但就算如此，也還是比不上四歲孩子的思維能力和情感。

陪伴人類的人工智慧機器人在哪裡

電腦晶片的物理侷限，也發揮阻止機器人支配人類的屏障作用。晶片即使設計得再精密，如果將其製作成比原子的五倍還小的話，就會陷入物理學家海森堡（Werner Heisenberg）所主張的困境：「無法同時準確測量出粒子位置和運動量的『測不準原理』（uncertainty principle）」中。因為晶片會發出大量高熱，所有的電路都會遭到破壞，因此以矽膠為基材的電腦晶片，幾乎不可能製造出應付自如的人工智慧機器人。

如果想和電影《鋼鐵人》中兩三下就能搞定所有事情的賈維斯一樣，或是和電影《雲端情人》中以迷人聲音撫慰男主角淒涼人生的人工智慧女友莎曼珊「一起生活」的話，恐怕得等到量子電腦實用化之後才有可能。

在社群網站中一度有人批評，有那個時間製造 AlphaGo，不如提升一下「Google 翻譯」的性能。雖然現在翻譯正確多了，但曾經有過在 Google 翻譯上輸入韓文「我想養一隻天鵝」，卻出現「I would like to raise a 100,000,000,001」的誤譯（譯註：這句話的韓文為나는 백조 한 마리를 키우고 싶다。其中表示「天鵝」之意的「백조」和表示「百兆」之意的「백조」韓文相同，「한」為「一」的意思，因此 Google 翻譯才會誤譯為「一百兆〇一」）。如果只因為 AlphaGo 在圍棋比賽贏了人類，就認為這是人工智慧的勝利，那只能說是落入了 Google 營銷的

圈套中。雖然有朝一日將迎來人工智慧商用化的時代，但人類還是有很充足的時間去應對和抵禦機器的威脅。不過在製造機器人時，也別忘了一定要輸入「機器人的最高任務是保護人類」這條指令。

49 誰是青黴素量產方法的真正發現者

很多人分不清科學與工程學的差別，但同時也認為研究自然原理的科學比追求實用的工程學更加高尚。但是如果沒有工程師為青黴素量產所做的努力，人類就無法克服無數疾病，平均壽命也會像二十世紀初一樣，依然維持在四十歲左右。

一九二八年英國生物學家弗萊明（Alexander Fleming）偶然發現了青黴素。正在培養金黃色葡萄球菌用於實驗的弗萊明，第一次看到來路不明的黴菌在培養皿中冒出的時候，起初誤以為是遭到污染，但在觀察到來路不明的黴菌殺死高傳染性的細菌之後，他從中提取出強力的抗生素——青黴素（penicillin，又稱盤尼西林）。

但是，當弗萊明在一九二九年公開發現青黴素時，醫界的反應並不如他所想像的那麼熱烈。所有人都承認青黴素是一種具有特效的抗生素，但要實際用在治療上，就必須從化學角度分離出青黴素並大量生產才行。十年後，錢恩（Ernst Boris Chain）和弗洛里（Howard Florey）成功分離出青黴素，卻不知道該如何大規模進行量產，因此也無法使用在患者的治療上。弗萊明長期以來也一直在研究大規模量產的方法，但最終不得不放棄。在女工程師哈欽森·盧梭（Margaret Hutchinson Rousseau）出現之前，青黴素量產一直只是個遙遠的夢想。[31]

女科學家發現量產青黴素的方法

有人說，戰爭可以刺激創新。第二次世界大戰期間，受傷的軍人很容易感染敗血症，若想治療就需要大量青黴素，但當時的產量卻遠遠不敷使用。當青黴素進入體內後，會受到免疫系統攻擊，沒多久就死亡，因此治療上必須一次就注射大量青黴素。在這種情況下，大量生產青黴素的挑戰，就落在了哈欽森身上。她是第一位在美國麻省理工學院取得化學工程博士學位的女性，還曾經開發合成橡膠的製程和戰機用的高辛烷值汽油蒸餾方法。然而，對於提煉過程「恐怖」得讓人咋舌的青黴素，哈欽森知之甚少。

不過哈欽森是如何發現青黴素量產的方法呢？她聰明地決定活用已經被證明可行的方法——使用輝瑞（Pfizer Inc.）藥廠以白糖生產檸檬酸和葡萄糖酸等食品添加劑時所採用的「深槽」（deep tank）發酵工序。哈欽森將紐約布魯克林一家即將倒閉的製冰廠改造成青黴素生產工廠，將白糖、牛奶、礦物質和飼料混合，生產出大量黴菌，然後再應用她在煉油廠工作時嫻熟的化學分離處理法，將食品發酵和石化提煉這兩個不同領域的工序融合在一起，創造出新的價值。而其結果，就是在一九四三年的前五個月裡生產了四億單位的青黴素。到了當年年底，產量遽增五百倍。到一九四五年八月，總共有六千五百億單位的青黴素被用於軍事和民間用途，挽救了無數生命。

世人的成見：歧視女性、看輕工程學

哈欽森應該有足夠的資格獲得諾貝爾獎吧？但是諾貝爾獎委員會在一九四五年決定將弗萊明、錢恩和弗洛里並列為諾貝爾生醫獎得獎人。各界紛紛邀請三人到場發表演講，還頒給他們無數的獎章，但對於哈欽森，在描述青黴素歷史的書中僅以註腳來處理。

這樣的情況有可能是受到歧視女性觀念的影響，但把工程學看得比科學低下的觀點可能也具有很大的影響。如同青黴素量產的例子，最初創造和後來改善實用化這兩件事同等重要，說不定工程學更豐富了我們的生活。古騰堡（Johannes Gutenberg）改變了葡萄榨汁機的用途，將其用於木製印刷機上的「工程發明」，引發了知識革命，從這件事情也可以看出工程學的重要性。

工程學是一門致力於解決我們在現實中所遇到問題的學科。實驗室裡精研出來的結果，常會受到現實中的各種限制，很難實用化。但是工程學就像哈欽森所做的一般，可以重新組合、優化，有時也會在執行上反覆出錯，但卻能一步步找到有用的解決方案。看看我們的周圍，恐怕沒有工程學無法觸及的對象和系統。獲得「國家英雄」稱號的弗萊明，他的葬禮以國葬的形式舉行，但哈欽森卻是在自己家裡靜靜地闔上眼睛。但願今後不會再有「重科學、輕工程」的事情發生。

50 演化不等於進步

「演化就是進步」的信念成了種族主義和優生學的基礎，但許多演化生物學家都認為，把演化和進步視為同一概念的觀點是錯誤的。就像人與人之間不能以優劣區分一樣，單憑演化程度也無法分出高下。

讓我們回想一下在學校所學到的有關地球生命演化史的課程，我們的腦海中會以全景方式呈現出在單細胞生物和三葉蟲時代結束後，取而代之的是巨型生物恐龍的時代，而恐龍滅亡後則由哺乳類動物得勢的畫面。另外，從南方古猿演化而來的智人，在黑暗的洞穴壁上畫畫的身影，也將投影在螢幕上。

大部分人都相信物種是從單純到複雜，身型是從小到大，智力是從低等到高等發展而來，所以被稱為「萬物之靈」的人類就應該高居演化的最頂端。人類把迄今為止所有滅絕的生物都看成是最完整的生命形式，但主張「演化就是進步，人類是演化的巔峰」這樣的說法，果真正確嗎？就連著名的天文學家薩根（Carl Sagan）也說：「整體來說，聰明的生物比愚蠢的生物更容易生存，能繁衍更多的後代。」直接表明他「演化即進步」的看法。[32]

人類和細菌誰才是地球之主

但是演化生物學家卻大聲疾呼，「演化就是進步」的概念必須廢除。演化生物學家古爾德（Stephen Jay Gould）強烈批評一般大眾和部分科學家將生命演化理解為進步的想法。他認為生命的演化只是生命「多樣性」擴大的過程。[33]之所以從細菌為始，慢慢出現複雜、體格壯碩和高智慧的物種，並非是受到無形的力量所支配，而是因為這些生物無法再繼續保持單純模樣，所以才會衍生出結構複雜、智能提高的變異。

古爾德舉例，一個醉漢在左有護欄、右有水溝的路上搖搖晃晃地走著，醉漢酩酊大醉，腳步左右搖擺，身體撞到左邊護欄，又被反彈到右邊，左邊有護欄，所以絕對不會翻過護欄。但若不扶醉漢一把，任由他顫顫巍巍地走下去，總有掉進水溝裡的時候。

左護欄代表無法再維持單純的「生命體極限」，醉漢的腳步則代表「變異」，落入右邊水溝則代表變異不斷累積有了「新物種出現」。但是我們很難因為醉漢掉入水溝的情況比踉踉蹌蹌走路的模樣更具戲劇性，就說「醉漢是事先計畫好要掉落水溝的」。因為可憐的醉漢只是左搖右晃得太厲害，才一不小心掉進水溝裡去的。而人類也只不過是醉漢無數次腳步蹣跚掉落水溝之後，突然冒出來的一個物種罷了。

人們可能會相信人類是演化完成的終點，是最先進的生命型態，但是覆蓋地球大部分區域的生命體，依然是細菌。的確，有越來越多不同的生命體出現，但細菌依舊是生態界中占據了最大面積的地球之主，只不過太小了我們看不見而已。地球上存在的生物總數稱為「總生物量」，人類的生物量為一億噸，而細菌估計高達六千億噸。

科學和演化真的代表進步嗎？

演化（evolution）一詞的原意是展開捲軸，而且在達爾文以前的生物學中，這個詞代表諸如飛蛾、甲蟲等昆蟲的變異型態（蛻變）之意。達爾文的著作中沒有「演化」一詞，造成人們誤解「演化」代表「進步」的人，就是第一個使用這個詞的社會學家斯賓塞（Herbert Spencer）。他將演化論套用在人類社會中，創造了「社會達爾文主義」的政治意識形態，是後來試圖使種族主義和優生學正當化的罪魁禍首。他主張「為弱者制定的福利政策違背了適者生存的自然法則」，因為他認為社會的演化就是持續清除弱者以求發展和進步。[34]我們之所以會將演化誤解為進步，就起因於斯賓塞的社會達爾文主義。

正如生物的演化不是進步，政治、經濟、社會的演化也不該是進步。我們相信現在的文明比第二次世界大戰爆發當時更進步，但又如何呢？韓戰、越戰、波斯灣戰爭、伊拉克戰爭等難以逐一列舉的瘋狂事跡，至今依然持續著，而社會經濟系統也往往飽受不景氣的威脅。

甚至就連「科學在進步」的說法，也未必正確。強國競相開發核武的現在，真的比拿刀槍肉搏的過去進步嗎？科學雖然延長了人類的壽命，但同時也使人體淪為化學垃圾場，新型疾病爆發的速度，比既有疾病消失的速度還快。工程學雖然造就了超過一百層摩天大樓的偉業，但面對火災還是無法提出明確的對策。

如果我們能理解人類不是地球生命演化的巔峰，演化不是進步，而是透過愈來愈多不同物種的出現，不斷去適應環境的結果，那麼是不是就能更謙虛地看待生命，更珍惜我們生活的地球呢？

51 民調統計中的盲點

統計數字能顯示客觀真實的結果，問題是有時我們會誤解這個結果的意義，或者被那些以不同方式恣意解讀的人欺騙。該怎麼做才能在被濫用和被誤用的統計洪流中，做出正確的判斷呢？

假設某間學校要調查學生體重並進行統計分析，但因為調查全校學生有執行上的困難，就隨機選了三百名學生量體重，所得到的統計值為平均五十公斤，標準差五公斤。這兩個統計值代表什麼意思？儘管大多數人都熟悉平均值和標準差的含義，卻對兩者結合會導出什麼樣的意義不甚理解。

如果有機會接觸平均值和標準差同時顯示的統計結果時，請以下面的方式理解。假設「某學生的體重落在『平均值減二標準差』與『平均值加二標準差』之間的機率為百分之九十五」，這裡的「二標準差」指的是「標準差乘以二所得到的值」。這話有點難，簡單解釋就是，因為標準差為五公斤，所以二標準差就是十公斤。那麼上述的假設我們就可以理解成：如果到進行體重調查的學校去，隨便找個學生量體重的話，學生體重落在四十公斤到六十公斤之間的機率為百分之九十五。

了解標準差，看出民調的眉角

為什麼我們必須清楚「二標準差」的意思？因為每到選舉時，媒體就會報導政黨或實力派候選人的支持率，所以我們必須正確理解這些報導背後所隱藏的含意。媒體動不動就提到的百分之九十五「信賴區間」（confidence interval），表示實際支持率有百分之九十五的可能會落在「平均減二標準差」與「平均加二標準差」之間的意思。

例如選舉前，看到以下這樣的新聞報導：「以一千位選民為對象所進行的民意調查結果顯示，A候選人的支持率為百分之四十五，B候選人的支持率為百分之四十三，百分之九十五信賴區間的樣本誤差為正負百分之二，因此可以解釋為兩位候選人在樣本誤差內的支持率不相上下。」如果出現這樣的新聞，觀眾應該如何理解？

也許B候選人會安心地想，如果把百分之二的樣本誤差加進百分之四十三裡面，那麼自己的支持率就有百分之四十五，與A候選人的支持率百分之四十五相同。再加上這不是針對全體選民，而是針對一千位民眾所進行的問卷調查，說不定到了真正投票時，還有可能超越A候選人而翻盤獲勝。

雖然不能說沒有這種可能性，但B候選人最好在聽到了這消息之後，要更加奮發圖強，專注在最後的選舉衝刺上，或先準備好落選感言吧。

為什麼呢？

真正在說謊的是……

新聞中提到的「樣本誤差」，就是指「二標準差」的意思。因此，A候選人的支持率有百分之九十五的機率落在百分之四十三到四十七之間；B候選人的支持率則有百分之九十五的機率落在百分之四十一到四十五之間。這很容易讓人以為兩項數值出現重疊，所以兩位候選人的支持率沒有多大的差距。但如果透過統計分

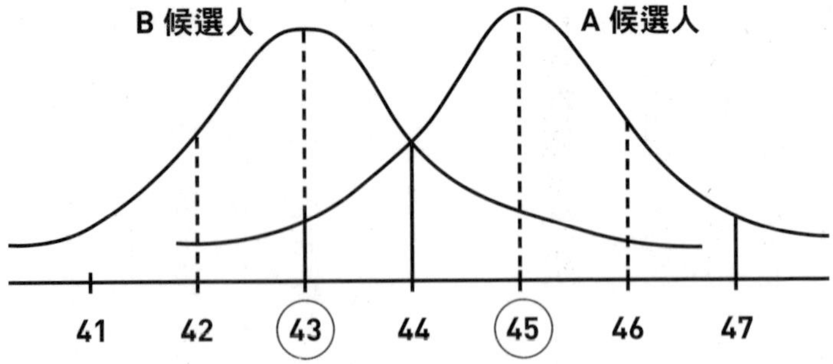

比較兩位候選人的正規分布曲線，就可以知道 A 候選人領先的面積（機率）。

析來看，A候選人贏過B候選人的機率高達百分之八十四。從A候選人和B候選人的正規分布曲線來看，就可以推測出A候選人領先B候選人的狀態（斜線部分），占A候選人正規分布曲線面積的百分之八十四。百分之八十四算是非常大的機率，差不多可以認定B候選人很難贏過A候選人，至少在進行民調的當下是如此。

正確掌握民調報導的意思，應該也是選民應盡的義務之一吧？只有明確理解平均值和標準差的關係、信賴區間和誤差範圍（或稱樣本誤差）的關係，才能減少誤解統計結果的尷尬，做出更完善的決策。

馬克·吐溫曾經這麼譏諷過：「世上有三種謊言，似是而非的謊言、赤裸裸的謊言，和統計數字。」但是統計數字本身並不會說謊，而是把結果斷章取義朝著對自己有利方向誤導的人，藏在統計數字背後撒謊。

52 令人困惑的機率

機率和百分比之類的數學概念有很多令人困惑的地方，就算是專家也很容易犯錯。因此在查看統計數字時，更應該慎重思考，而不是憑直覺來掌握。

醫生們誤解的機率問題

眾所周知，乳癌的早期診斷方法是接受乳房攝影檢查，尤其是四十歲以後罹患乳癌的機率增加，就算沒有任何症狀，也應該定期接受檢查。但假設有一名四十多歲婦女接受了乳房攝影檢查，結果呈現陽性反應，您是醫生，會告知她得了乳癌嗎？

「四十歲以上的女性，罹患乳癌的機率為百分之〇點八。罹患乳癌時，乳房攝影中呈現陽性反應的機率為百分之九十。就算沒有罹患乳癌，在乳房攝影檢查結果呈現陽性的機率為百分之七。那麼這位女性真正罹患乳癌的機率有多少？」

心理學家兼行為科學家霍夫拉格（Ulrich Hoffrage）和蓋格瑞澤（Gerd Gigerenzer）向平均擁有十四年醫齡的四十八位德國醫生提出了這個問題，[35]於是有十六位醫生回答這名婦女罹患乳癌的機率為百分之九十，另外十六位醫生認為介於百分之五十到百分之八十，統計後顯示回答的中間值為百分之七十。或許各位估計的也差不多是這樣，但令人驚訝的是，正確答案為百分之九。不必為估算錯誤而感到尷尬，因為只有兩名醫生的答案是正確的。在美國克林頓總統任內擔任白宮醫學顧問的艾迪（David Eddy）也向一百位美國醫生提供了相同資訊並詢問了同樣問題，出乎意料地，高達九十五名醫生錯估罹患乳癌的機率為百分之七十五。

為什麼實際罹患乳癌的機率只有百分之九呢？其實是經由以下的計算來判斷的。假設有一千名女性到醫院接受過乳房攝影檢查，實際罹癌的女性是百分之〇點八，也就是八人。既然說八人當中會有百分之九十呈現陽性反應，那麼是七人。而沒有罹患乳癌卻呈現陽性反應的人為九百九十二人中的百分之七，也就是六十九人。因此，呈現陽性反應的女性全部就是七十六人，而其中真正罹患乳癌的只有七人。那麼在乳房攝影檢查呈現陽性反應的女性當中，實際罹患乳癌的機率大約就是百分之九（7/76）。

人們習於用感情來判斷事物

有些人主張，再聰明的人碰上資料以機率的方式呈現，也很容易搞錯，因為機率是相對來說較新的發明。近來在棒球等體育競賽中經常使用打擊率、防守率等專有名詞，但有關機率的數學理論雖然在十七世紀中期提出，而百分比卻直到十九世紀才成為普遍使用的標記法。也就是說，在人類文明漫長的演化過程中，並沒有足夠的時間理解機率和百分比。因此，蓋格瑞澤認為在說明危險事件時用「頻率」來表現，要比用「機率」有利得多。前述舉例以「一千人」為標準來說明的方式，有利於讓人理解，也有利於引導人們思考。

再舉一個例子。有些接受矽膠隆乳手術的女性，曾以矽膠外漏導致罹患乳癌等疾病為由，集體控告矽膠生產公司。經過幾年的法庭攻防之後，這家公司敗訴，須支付三十二億美元的巨額賠償。36

但是之後的研究發現，患者罹病的原因不在於使用矽膠隆乳。若想查明真相，原則上必須以「有」和「沒有」接受矽膠隆乳手術的兩組女性進行比較。如此分析後發現，兩組之間並沒有出現有意義的差別，兩組的發病率都差不多。接受隆乳手術的女性大部分年齡都在四十歲以上，有足夠的經濟能力進行手術，但這個年齡層也是婦科疾病好發的時期，因此無辜的矽膠便蒙受了不白之冤，這是因為當時忘了針對「有」和「沒有」接受矽膠隆乳的女性進行比較才產生誤會。

人類從過去就必須在貧瘠的環境中求生存，因此有「爬蟲類大腦」支配人類大腦的說法，意思是人們習於用情感而非用理性來判斷。雖然出於情感的判斷不見得不好，但是在與機率相關或涉及各方矛盾的狀況下，如果有意識地進行邏輯思考，應該會做出較好的決定。

53 從遺傳因素看生物多樣性

韓國有二千一百六十多種外來生物棲息，其中已經擾亂或有可能擾亂韓國境內生態系統的二十一種生物，被分類為生態系統擾亂種。那麼曾經被列為頭號要犯多到令人髮指的牛蛙，如今安在？這個祕密就在生物多樣性。

一九七〇年代初期，韓國以食用目的進口產於美國東部的牛蛙，但一九九〇年代初滯銷後，就開始被隨意棄置在高山和湖泊中，一轉眼全國水庫變成了牛蛙的天下。

牛蛙具有強大的繁殖能力，一次可產下一萬多顆卵，並具有連蛇都敢捕食的掠食能力，開始威脅當地生態系統。一般來說，青蛙的天敵是蛇和水鳥，但是要捕食長六十公分、超過一公斤重的牛蛙很困難，因此牛蛙的數量自然而然呈現幾何級數增加。

當快速破壞生態系統的牛蛙已經超越環境問題而形成社會問題後，學生只要抓牛蛙就能換取社會服務的分數；勞動部門甚至以捕捉牛蛙作為拯救失業措施的一環，發展公共勞動事業；就連環境部門也在政府聯合辦公大樓前舉辦牛蛙試吃會……全國上下都熱中於消滅牛蛙。曾經是社會公敵的牛蛙，如今消失無蹤，原因何在？因為消滅牛蛙的行動有了具體成果嗎？

孤立的棲息地對牛蛙繁殖不利

韓國兩棲爬行類生態研究所所長沈載漢（音譯）認為原因有三，第一是牛蛙的食物昆蟲和小魚數量減少；第二是烏鱧、鯰魚等當地魚類，和巴西龜、大口黑鱸、藍鰓太陽魚等外來品種，成了捕食牛蛙蝌蚪的「天敵」；第三是近親交配造成劣質遺傳基因擴散。沈載漢注意到其中第三個原因，進而調查牛蛙的遺傳多樣性，研究牛蛙數量減少與近親交配有何關聯。[37]

研究人員分析了牛蛙細胞內線粒體 DNA 的核酸序列。線粒體 DNA 不會發生基因重組，性質比較穩定，而且演化速度比存在於細胞核內的DNA更快，因此主要用於研究遺傳多樣性。研究人員在韓國多處棲息地調查牛蛙的棲息密度（每單位面積的數量），並分析從各棲息地所採集的牛蛙線粒體DNA與美國所揭露的DNA序列的相似性。

結果顯示，在遺傳基因序列百分之九十九點九到百分之百相同的地區（長興、南平、光州），牛蛙的棲息密度較低；基因相似度百分之九十六點五到百分之九十八點七的地區（靈岩、高興），棲息密度相對較高。研究人員根據該數據得出了遺傳基因多樣性對棲息密度的增減有很大影響的結論，並推測原因在於棲息地的孤立所造成的近親交配。

棲息密度較低的牛蛙，主要生活在水坑、湖、河塘、水庫等環境，因水庫疏浚、河道整頓、生態公園營造等人為因素，導致棲地的水與其他水域不相通，而遠離其他牛蛙群體。這種孤立的狀態，提供了牛蛙只能維持近親交配的環境。沈載漢直言，在孤立的棲息地發現了很多畸形牛蛙，並指出造成牛蛙數量急遽減少的主要原因之一就是過度繁殖導致的近親交配，因而對環境的適應能力下降。

為什麼要維持生物多樣性

類似的例子在動物園裡輕易可見。動物園是為了增加動物數量與繁殖後代，無奈只能採取近親交配的地方，但是成功率並不高。自一九九九年以來，生活在首爾大公園的九歲雌虎與自己的哥哥和弟弟交配，生下了九隻虎崽，其中五隻死亡。首爾大公園等十三個動物園裡所飼養的老虎中，有一半是近親交配所繁殖下來的，但其中百分之二十五的老虎有嚴重的白內障、斜視和神經系統異常等遺傳疾病。

澳洲國立大學（Australian National University）的研究小組發表了有趣的研究結果，他們發現相較於只和單一雄性交配的雌性，與不同雄性交配的雌性所生下的後代更健康。[38]研究小組的費雪（Diana Fisher）解釋，精子間的競爭可以幫助最強的精子受精，從而產下更健康的幼崽。這個結果對於我們為什麼應該維持生物多樣性具有重大意義。

54 刻意點燃小火來預防森林大火

氣球只要吹起來，總有吹破的時候。人在工作之際，如果不能適當舒緩壓力或休息，就會倒下來。大自然也是如此。從引發森林大火的黃石效應中，就可以看出自然界同樣存在「忍耐是有限度的」。

地球科學家馬拉默德（Bruce Malamud）以被焚毀的樹木數量和受災面積為標準，將發生在美國和澳洲的森林火災規模進行分類，從分類結果中建立了無論規模大小，森林火災發生的原因都一樣的假設，他利用電腦模擬實驗，來證明這個假設。39

樹木越多越接近火災臨界點

首先隨機在棋盤的每一個格子上種一棵樹，時間一長，樹木就會增多，進而填滿棋盤。接下來，每增加二百到四百棵樹時，隨機扔下點燃的虛擬火柴。如果在扔下火柴的棋格裡有樹的話，火就會燃燒起來；如果是沒樹的空地，火柴就會自行熄滅；而如果與著火的樹木鄰近的四個棋格裡有樹木生長的話，火就會蔓延開來，這就是馬拉默德所進行的遊戲規則。

馬拉默德經由這種單純的模擬實驗，注意到星星之火有可能隨機引發大大小小的森林火災，不能因為森林火災的規模大，就認定是特殊原因引發的。森林是由樹木和樹木交織的複雜網絡所形成，樹木越多越接近臨界狀態，也決定了因細微變動所引發的森林火災規模。

馬拉默德將實驗方式做了少許的變動，將扔下火柴的周期從每增加二百到四百棵樹，改為每增加一百棵樹和每增加二千棵樹就會扔一次。前者的情況當然是經常發生森林火災，但因為到處都是沒有樹木的空地，所以即使著火也會短暫燃燒之後就自然熄滅。但如果每增加二千棵樹才丟下一次火柴，發生森林大火的次數就會大幅增加。在火柴被扔下之前，這些樹可以在沒有任何約束的情況下密密麻麻地生長，但火柴一落下來，火勢就會蔓延到整片森林。

馬拉默德解釋說：「森林裡密密麻麻生長的樹木，彼此之間的相互作用很大，因此當整個森林到達臨界狀態時，就會發生人力無法掌控的大型森林火災。」換句話說，森林火災次數越少，引發森林大火的機率就越高。

小型森林火災有其必要性

馬拉默德的實驗結果為一九八八年美國黃石國家公園有史以來最嚴重的森林大火提供了佐證。當時動員了一萬多名消防員、一百一十七架飛機和一百多輛消防車，才撲滅了持續近三個月的森林大火。最終一百五十萬英畝的龐大森林付之一炬，而清理費用就超過了一億二千萬美元。[40]

是什麼原因造成森林火災像這樣一發不可收拾呢？馬拉默德認為，這次超大型森林大火源於黃石公園的森林已經達到臨界狀態。美國的森林保護當局以自然保護的名義管理森林，不允許任何森林火災發生，因此就連自然發生的小型森林火災也在撲滅範圍內。結果森林裡足以成為易燃物的枯樹和枯葉開始層層積聚，再加上連原本具有清理林地作用的小型森林火災都沒發生過，生長中的樹木變得更加茂密。換句話說，樹木之間相互作用的規模已經大到不可思議。極端的管理和過度的反應縱容了樹木生長，造成森林達到臨界點。馬拉默德認為，這就是黃石公園森林大火長時間熊熊燃燒的原因，並將這種現象稱為「黃石效應」。

如今美國的森林保護當局已經接受了他的看法，不再撲滅小型的天然火災，同時為了除去樹木之間的易燃物，還會故意放小火。這是因為森林保護當局意識到，唯有這麼做才能防止森林到達臨界狀態，避免發生重大災難。

二〇一九年四月上旬，韓國江原道的高城市和束草市一帶發生森林大災，共計包括九百一十六處房屋和設施，以及一千七百五十七公頃的森林全被燒毀，造成了難以估算的重大損失。據說這場森林大火是從土城面月南里（譯註：「面」、「里」都是韓國行政區劃單位，「面」就相當於臺灣的「鄉」）一處公寓附近的加油站旁的電線桿冒出火花開始燃燒。儘管未能在火勢剛起就撲滅，以致蔓延成森林大火，但難道不是因為針葉林太過茂密，松針充滿揮發性物質才造成的嗎？為了防止森林大火，可能有必要刻意弄出一些森林小火，來除去易燃物也說不定。

55 時間的快慢感是相對的

我們總說金錢買不到時間，但只要買張超音速飛機的機票，說不定就能用金錢買到時間。愛因斯坦的狹義相對論告訴我們，對於靜止的人和移動的人來說，時間的流動是不同的。

偉大的物理學家牛頓相信絕對時間的存在。即使人們根據自己的情況感到時間的短暫或是漫長，但所有人都認為宇宙存在著一個絕對的「宇宙鐘」，就像我們在講述國外發生的事件時，會使用英國格林威治天文臺的「標準時間」一樣。宇宙鐘的概念是如此強大和直觀，以至於在愛因斯坦發表相對論之後過了一百多年的現在，人們依然假定有絕對時間的存在。在諸如《星球大戰》之類的科幻電影裡，經常可以聽到登場人物一面進行時間之旅或穿梭在各大行星之間，一面說著「現在馬上出發還來得及阻擋他們的侵略」這樣的臺詞。這是絕對時間，也就是說，是以宇宙鐘存在的前提下才有的對白。

狹義相對論的核心概念

愛因斯坦藉由提出相對時間理論，打破了牛頓的宇宙鐘概念。他以一個獨特的思維實驗解釋相對論。

這裡有一個鐘，上面裝了彼此相對的兩面鏡子。將光線射到其中一面鏡子上，則這道光線會在兩面鏡子之間來回照射。就在光線來回一次的時間裡，時鐘會滴答一聲。當然，光速是每秒三十萬公里，比每秒三百四十公尺的音速快得多，因此聽起來更像是「滴」，而不是「滴答」，不過這點我們先放著不管（無論如何這只是一個「思維實驗」罷了）。

有兩個人，一個叫「阿光」，一個叫「阿地」，各自擁有一個這樣的時鐘。阿光搭著太空船飛行，阿地則站在地面上，當光線從時鐘左邊的鏡子射出的一瞬間，阿光的太空船正掠過阿地的頭頂。

就在光線從左邊鏡子出發抵達右邊鏡子的時間裡，阿光的太空船也會向前移動一段距離，阿光的時鐘裡的光線也移動了與太空船相同的距離。

如果這時阿地抬頭望著阿光的時鐘，會怎麼樣呢？阿光時鐘裡的光線，看起來會像是移動了比在兩面鏡子之間還長的距離（因為光線也移動了相當於太空船移動的距離）。如果光線移動了更長的距離，那麼時鐘的聲音聽起來就不是「滴答」，而是拉長的「滴—答—」聲。

現在反過來，從阿光的所在俯望阿地的時鐘。實際移動的人是阿光，但對阿光來說，阿地看起來似乎飛快地離自己越來越遠（就像從車窗向外看到風景移動一樣）。因此，正如對阿地來說，阿光的時鐘聲聽起來像「滴—答—」一樣，對阿光來說，阿地的時鐘聲聽起來也像「滴—答—」。兩人各自的時鐘發出的聲音都是「滴答」，但對方的時鐘聲聽起來卻是「滴—答—」，這表示這兩人各自感覺的時間是不同的。

因此，「現在」這個概念無法相同適用在阿光和阿地身上。時間是相對的，沒有人可以說時間是絕對的，這就是愛因斯坦「狹義相對論」的核心（「廣義相對論」更複雜，在此省略）。

原子鐘實驗證明了相對論

愛因斯坦在一九〇五年完成了狹義相對論，但由於技術上的原因，很難透過實驗重現。不過當利用銫（Caesium）原子的原子鐘發明之後，用銫原子鐘進行實驗的美國物理學家哈菲爾（Joseph Hafele）證實了狹義相對論。41 地球沿著逆時鐘方向自轉（由西往東），哈菲爾帶著銫原子鐘搭乘飛機從華盛頓出發，然後經法蘭克福、德里、香港、檀香山返回華盛頓。這是因為沿著地球自轉的方向飛行，就等同於阿光掠過阿地的頭頂。當哈菲爾完成整個行程並查看銫原子鐘的時間時，他發現比他留在實驗室裡的銫原子鐘慢了五百九十億分之一秒。雖然很少很少，但至少透過實驗證實了愛因斯坦以理論所推演出來的預測。

當我們從韓國搭機飛往美國（按照地球自轉的方向）時會經過換日線，就會有種自己賺到了一天的感覺。事實上，我們的壽命也會比身在韓國的朋友長了五百九十億分之一秒。當然，就為了多活數百億分之一秒，花錢買機票飛往美國的這種行為真是太愚蠢了，而且正如霍金所說，「長途飛行所帶來的壓力」對壽命產生的負面影響更大。

參考資料

前言

1 比爾・蓋茲推薦書單： https://www.businessinsider.com/bill-gates-favorite-science-books-2017-6
https://www.hundreader.com/ko/catalog/1234627

2 馬克・祖克柏推薦書單： https://www.businessinsider.com/science-books-mark-zuckerberg-recommends-2017-8#genome-by-matt-ridley-5

3 "12books Elon Musk thinks everyone should read",Jeremy Berke and Shana Lebowit, Business Insider, Jul. 13, 2018; https://www.businessinsider.com/books-elon-musk-thinks-everyone-should-read-2018-4

第一部　優秀的人如何從科學中學習

1 O'Boyle Jr, E., & Aguinis, H. (2012). The best and the rest : Revisiting the norm of normality of individual performance. *Personnel Psychology*, 65(1), 79-119.

2 Zipf, G. K. (1929). Relative frequency as a determinant of phonetic change. *Harvard studies in classical philology*, 40, 1-95.

3 Axtell, R. L. (2001). Zipf distribution of US firm sizes. *Science*, 293(5536), 1818-1820.

4 安迪・布萊思(Andy Brice)的部落格：http://successfulsoftware.net/2013/03/11/the-1-percent-fallacy/

5 Allee, W. C., & Bowen, E. S. (1932). Studies in animal aggregations: mass protection against colloidal silver among goldfishes. *Journal of Experimental Zoology*, 61(2), 185-207.

6 Richard Feynman, *What do you care what other people think?*.

7 Pennisi, E. (2005). In Voles, a Little Extra DNA Makes for Faithful Mates. *Science*, 308(5728), 1533.

8 Harvard Medical School. (2004, June 3). 'Junk DNA Yields New Kind Of Gene: Regulates Neighboring Gene Simply By Being Switched On'. *ScienceDaily*. Retrieved April 10, 2019 from www.sciencedaily.com/releases/2004/06/040603070607.htm

9 ENCODE Project Consortium. (2012). An integrated encyclopedia of DNA elements in the human genome. *Nature*, 489(7414), 57.

10 Gilbert, N., Lutz, S., Morrish, T. A., & Moran, J. V. (2005). Multiple fates of L1 retrotransposition intermediates in cultured human cells. *Molecular and cellular biology*, 25(17), 7780-7795.

11 Steven Johnson, *The Ghost Map*(2006).

12 同上書。

13 Michael White, *Galileo Antichrist: A Biography*.

14 Susan Blackmore, *The Meme Machine*.

15 維基百科：https://en.wikipedia.org/wiki/Abiogenic_petroleum origin

16 Kolesnikov, A., Kutcherov, V. G., & Goncharov, A. F. (2009). Methane-derived hydrocarbons produced under upper-mantle conditions. *Nature Geoscience*, 2(8), 566.

17 Brosnan, S.F., & De Waal, F. B. (2003). Monkeys reject unequal pay. *Nature*, 425(6955), 297.

18 Matt Ridley, *The Origins of Virtue* , 1996.

19 Morse, S., & Gergen, K. J. (1970). Social comparison, self-consistency, and the concept of self. *Journal of personality and social psychology,* 16(1), 148.

20 Manfred Milinski (1987), Tit for Tat and evolution of cooperation in sticklebacks, *Nature* 325, 433-435.

21 Ashley J. W. Ward, David J. T. Sumpter, Iain D. Couzin, Paul J. B. Hart, Jens Krause (2008), Quorum decision-making facilitates information transfer in fish shoals, *PNAS*, Vol. 105 (19).

22 Jay, K.L., & Jay, T. B. (2015). Taboo word fluency and knowledge of slurs and general pejoratives: Deconstructing the poverty-of-vocabulary myth. *Language Sciences*, 52, 251-259.

23 Stephen Jay Gould, *Full house*, 2011.

24 Duncan J. Watts, *Six Degrees*, 2003.

25 Milgram, S. (1967). Six degrees of separation. *Psychology Today*, 2, 60-64.

26 Helbing, D., Keltsch, J., & Molnar, P. (1997). Modelling the evolution of human trail systems. *Nature*, 388(6637), 47.

27 Janine M. Benyus, *Biomimicry : Innovation Inspired by Nature*.

28 Duncan J. Watts, *Six Degrees*, 2003.

29 "Catfish Philosophy", Arnold J. Toynbee, *The Rotarian*, Vol. 76, No. 4, pp.64, April, 1950.

30 (People&News)〈遇強則強〉（강한 경쟁자가 나오면 더 강해진다），《韓國經濟》，2017年9月4日。http://news_hankyung.com/

article/2017090128881
31 Hawlena, D., & Pérez-Mellado, V. (2009). Change your diet or die : predator-induced shifts in insectivorous lizard feeding ecology. *Oecologia*, 161(2), 411-419.
32 "Dragonflies Are Literally Scared to Death of Fish", Remy Melina, Live Science, Oct. 28, 2011, https://www.livescience.com/16783-dragonflies-scared-death-fish.html
33 "The Legend of the Boiling Frog Is Just a Legend", Whit Gibbons, Ecoviews, Nov. 18, 2002; "The Old Tale of a Boiling Frog", Anupum Pant, http:// awesci.com/the-old-tale-of-a-boiling-frog/
34 "Photograph of a Wolf Pack Explains 'Alpha'Behavior? ", TruthorFiction, Dec. 23, 2015; https://www.truthorfiction.com/photo-of-a-wolf-pack-explains-wolf-behavior/
35 Mech, L. D. (1999). Alpha status, dominance, and division of labor in wolf packs. *Canadian Journal of Zoology*, 77(8), 1196-1203.
36 Joachim Bauer, *Prinzip Menschlichkeit*.
37 Krams, I., Bērziņš,, A., Krama, T., Wheatcroft, D., Igaune, K., & Rantala, M. J. (2009). The increased risk of predation enhances cooperation. *Proceedings of the Royal Society B: Biological Sciences,* 277(1681), 513-518.
38 Warneken, F., & Tomasello, M. (2006). Altruistic helping in human infants and young chimpanzees. *Science*, 311 (5765), 1301-1303.
39 只介紹代表性的一個網路影片頻道，Youtube「英國男人」（영국남자） https://www.youtube.com/watch?v=gLNEckm37wc
40 維基百科： https://en.wikipedia.org/wiki/Snob_effect
41 John A. Endler (1980), Natural Selection on Color Patterns in Poecilia reticulata, *Evolution*, Vol. 34(1)
42 http://www.jobkorea.co.kr/goodjob/tip/View?News_No=15623
43 〈難眠的韓國」……給甜眠族的「睡眠經濟〉（'잠 못 드는 한국'… 꿀잠족 위한 '수면경제' 뜬다），《News1》，2019年4月3日。http://news1.kr/articles/?3587226
44 Kimberly M. Fenn, Howard C. Nusbaum, Daniel Margoliash (2003), Consolidation during sleep of perceptual learning of spoken language, *Nature* 425, 614-616.
45 Joo, E. Y., Yoon, C. W., Koo, D. L., Kim, D., & Hong, S. B. (2012), Adverse Effects of 24 Hours of Sleep Deprivation on Cognition and Stress Hormones, *Journal of Clinical Neurology,* Vol. 8(2)
46 "Why Your Next Big Deal Will Fail", CBS Money Watch, Jun. 8, 2011; http://

www.cbsnews.com/8334-505125_162-57234765/why- your-next-big-deal-will-fail

47 Landrigan, C.P., Rothschild, J.M., Cronin, J. W., Kaushal, R., Burdick, E., Katz, J. T., ... & Czeisler, C. A. (2004). Effect of reducing interns' work hours on serious medical errors in intensive care units. *New England Journal of Medicine,* 351(18), 1838-1848

48 Wagner, D. T., Barnes, C.M., Lim, V.K., & Ferris, D. L. (2012). Lost sleep and cyberloafing: Evidence from the laboratory and a daylight saving time quasi-experiment. *Journal of Applied psychology*, 97(5), 1068.

49 Rosekind, M. R., Smith, R. M., Miller, D.L., Co, E. L., Gregory, K. B., Webbon, L. L., ... & Lebacqz, J. V. (1995). Alertness management: strategic naps in operational settings. *Journal of Sleep Research*, 4, 62-66.

50 V. S. Ramachandran, *The Tell-Tale Brain: A Neuroscientist's Quest for What Makes Us Human*, 2011.

51 Martin Gardner, Aha! *Gotcha: Paradoxes to Puzzle and Delight.*

52 Daniel Kahneman, *Thinking, Fast and Slow.*

53 John J. Kelly (1956), A new interpretation of information rate, *The Bell System Techical Journel*, Vol35, Issue:4

54 "Concerning a Biologically Important Relationship - The Influence of the Carbon Dioxide Content of Blood on its Oxygen Binding", http://www1.udel.edu/chem/white/C342/Bohr(1904).html

第二部　改變自己，心想事成的科學技巧

1 Fishbach, A., & Choi, J. (2012). When thinking about goals undermines goal pursuit. *Organizational Behavior and Human Decision Processes*, 118(2), 99-107.

2 Peter M. Gollwitzer, Veronika Brandstätter (1997), Implementation intentions and effective goal pursuit, *Journal of Personality and Social Psychology*, Vol. 73 (1)

3 Amy N. Dalton, Stephen A. Spillert (2012), Too Much of a Good Thing: The Benefits of Implementation Intentions Depend on the Number of Goals, *Journal of Consumer Research*, Vol. 39

4 Ran Kivetz, Oleg Urminsky, Yuhuang Zheng (2006), The Goal-Gradient Hypothesis Resurrected: Purchase Acceleration, Illusionary Goal Progress, and Customer Retention, *Journal of Marketing Research*, Vol. 43(1)

5 Park, Y. S., Jun, D.J., Hur, E.M., Lee, S. K., Suh, B.S., & Kim, K. T. (2006). Activity-dependent potentiation of large dense-core vesicle release modulated by mitogen-activated protein kinase/extracellularly regulated kinase signaling. *Endocrinology*, 147(3), 1349-1356.

6 Weiss, J. M. (1971). Effects of coping behavior in different warning signal conditions on stress pathology in rats. *Journal of Comparative and Physiological Psychology*, 77(1), 1.

7 Salimpoor, V. N., Benovoy, M., Larcher, K., Dagher, A., & Zatorre, R. J. (2011). Anatomically distinct dopamine release during anticipation and experience of peak emotion to music. *Nature neuroscience*, 14(2), 257.

8 Mikolajczak, M., Gross, J. J., Lane, A., Corneille, O., de Timary, P., & Luminet, O. (2010). Oxytocin makes people trusting, not gullible. *Psychological science*, 21(8), 1072-1074.

9 Kosfeld, M., Heinrichs, M., Zak, P. J., Fischbacher, U., & Fehr, E. (2005). Oxytocin increases trust in humans, *Nature*, 435(7042), 673.

10 松浦元男，《先着順採用、会議自由参加で世界一の小企業をつくった》，2003。

11 Kanazawa, S., & Perina, K. (2009). Why night owls are more intelligent. *Personality and Individual Differences*, 47(7), 685-690.

12 Preckel, F., Lipnevich, A. A., Boehme, K., Brandner, L., Georgi, K., Könen, T., ... & Roberts, R. D. (2013). Morningness-eveningness and educational outcomes: The lark has an advantage over the owl at high school. *British Journal of Educational Psychology*, 83(1), 114-134.

13 Werner. L. Geisler, J., & Randler, C. (2015). Morningness as a personality predictor of punctuality. *Current Psychology*, 34(1), 130-139.

14 Randler, C. (2009). Proactive People Are Morning People 1. *Journal of Applied Social Psychology*, 39(12), 2787-2797.

15 DeWall, C. N., MacDonald, G., Webster, G. D., Masten, C. L., Baumeister, R. F., Powell, C., ... & Eisenberger, N. I. (2010). Acetaminophen reduces social pain: Behavioral and neural evidence. *Psychological science*, 21(7), 931-937.

16 Maddox, Brenda, *Rosalind Franklin The Dark Lady of DNA*, 2003

17 新 雅章，《テスラ自伝: わが発明と生涯(Nikola Tesla 1856-1943》，2009

18 這部短片簡單展現了兩人之間的激烈競爭與反目成仇。詳見 Youtube「Suprise」（서프라이즈）頻道 ：https://www.youtube.com/watch?v=aKsOaSFm_Q

19 James Gleick, *GENIUS*, 1992

20 John Gribbin, *Richard Feynman: A Life in Science*, 1997.

21 Kruger, J., Wirtz, D., & Miller, D. T. (2005). Counterfactual thinking and the first instinct fallacy. *Journal of personality and social psychology*, 88(5), 725.

22 Fergus I. M. Craik, Janine F. Hay(1999), Aging and judgments of duration: Effects of task complexity and method of estimation, Attention, *Perception & Psychophysics*, Vol. 61 (3)

23 Horvath, S. (2013). DNA methylation age of human tissues and cell types. *Genome biology*, 14(10), 3156.

24 Mario Livio, "The Equation that Couldn't Be Solved", 2005.

25 維基百科：https://en.wikipedia.org/wiki/Toilet_paper_orientation

26 "What Your Toilet Paper Reveals About Your Personality", PsyBlog, May 29, 2017: https://www.spring.org.uk/2017/05/what-your-toilet-paper-reveals-about-your-personality.php

27 同上網站。

28 加來道雄，"The Future of the Mind: The Scientific Quest to Understand, Enhance, and Empower the Mind"，2015。

29 Aydin, K., Ucar, A., Oguz, K. K., Okur, O. O., Agayev, A., Unal, Z., ... & Ozturk, C. (2007). Increased gray matter density in the parietal cortex of mathematicians: a voxel-based morphometry study. American Journal of Neuroradiology, 28(10), 1859-1864.

30 Polat, U., Ma-Naim, T., Belkin, M., & Sagi, D. (2004). Improving vision in adult amblyopia by perceptual learning. Proceedings of the National Academy of Sciences, 101(17), 6692-6697.

31 Chesler, E. J., Wilson, S. G., Lariviere, W. R., Rodriguez-Zas, S. L., & Mogil, J.S. (2002). Identification and ranking of genetic and laboratory environment factors influencing a behavioral trait, thermal nociception, via computational analysis of a large data archive. *Neuroscience & Biobehavioral Reviews*, 26(8), 907-923.

32 Ross, L. D., Amabile, T. M., & Steinmetz, J. L. (1977). Social roles, social control, and biases in social-perception processes. *Journal of personality and social psychology*, 35(7), 485.

33 Rosenthal, R., & Jacobson, L. (1968). Pygmalion in the classroom. *The urban review*, 3(1), 16-20.

34 Emily Pronin, Christopher Y. Olivola, Kathleen A. Kennedy (2008), Doing Unto Future Selves As You Would Do Unto Others: Psychological Distance and Decision Making, *Personality and Social Psychology Bulletin*, Vol. 34(2)

35 Watanabe, Y., Gould, E., & McEwen, B.S. (1992). Stress induces atrophy of apical dendrites of hippocampal CA3 pyramidal neurons. *Brain research*,

588(2), 341-345.
36 Deborah J. Bennet, *Randomness*, 1999.
37 "MONTY HALL, ERDOS, AND OUR LIMITED MINDS", *Wired*, Nov. 26, 2014; https://www.wired.com/2014/11/monty-hall-erdostimited-minds/
38 Matt Ridley, *Nature via Nurture Genes Experience and What Makes Us Human*, 2003.
39 Dickens, W. T., & Flynn, J. R. (2001). Heritability estimates versus large environmental effects: the IQ paradox resolved. *Psychological review*, 108(2), 346.
40 Evelyn Fox Keller, *The Mirage of a Space between Nature and Nurture*, 2010.
41 https://terms.naver.com/ entry.nhn?docId=3566932
42 維基百科：https://en.wikipedia.org/wiki/Eben_Byers
43 Keinan, G. (1994). Effects of stress and tolerance of ambiguity on magical thinking. *Journal of Personality and Social Psychology*, 67(1), 48-55.
44 Sosis, R., & Handwerker, W. P. (2011). Psalms and coping with uncertainty: Religious Israeli women's responses to the 2006 Lebanon War. *American Anthropologist*, 113(1), 40-55.
45 Damisch, L., Stoberock, B., & Mussweiler, T. (2010). Keep your fingers crossed! How superstition improves performance. *Psychological Science*, 21(7), 1014-1020.

第三部　生活中無所不在的科學應用

1 韓國關稅廳入出口貿易統計：https://unipass.customs.go.kr:38030/ets/
2 http://www.ilyoseoul.co.kr/news/articleView.html?idxno=216667
3 Cornelis, M. C., Byrne, E. M., Esko, T., Nalls, M. A., Ganna, A., Paynter, N., & Ngwa, J. S. (2015). Genome-wide meta-analysis identifies six novel loci associated with habitual coffee consumption. *Molecular psychiatry*, 20(5), 647.
4 Cheon, Seung-Min（전승민），〈咖啡傳道士所傳播的「咖啡分析學」〉（커피전도사가 전하는 '커피 분석학'），《東亞科學》，http://dongascience.donga.com/news.php?idx=-145764
5 Naver微生物學百科 https://terms.naver.com/entry.nhn?docId=5144834
6 Mark Buchanan, *Ubiquity: The Science of History, or Why the World Is Simpler Than We Think*, 2000.
7 Behnke, J. M., Barnard, C. J., & Wakelin, D. (1992). Understanding chronic nematode infections: evolutionary considerations, current hypotheses and the

way forward. *International journal for parasitology*, 22(7), 861-907.

8 Sheldon, B. C., & Verhulst, S. (1996). Ecological immunology: costly parasite defences and trade-offs in evolutionary ecology. *Trends in ecology & evolution*, 11(8), 317-321.

9 Fincher, C. L., & Thornhill, R. (2012). Parasite-stress promotes in-group assortative sociality: The cases of strong family ties and heightened religiosity. *Behavioral and Brain Sciences*, 35(2), 61-79.

10 Paul Collins, *Banvard's Folly*, 2002.

11 Desmond Morris, *Peoplewatching*, 2004.

12 Rodriguez, A., Kaakinen, M., Moilanen, I., Taanila, A., McGough, J. J., Loo, S., & Järvelin, M. R. (2010). Mixed-handedness is linked to mental health problems in children and adolescents. *Pediatrics*, 125(2), e340-e348.

13 "Right Hand Left Hand: The Origins of Asymmetry in Brains, Bodies, Atoms and Cultures", Chris McManus, Harvard University Press, 2004

14 Strack, F., Martin, L. L., & Stepper, S. (1988). Inhibiting and facilitating conditions of the human smile: a nonobtrusive test of the facial feedback hypothesis. *Journal of personality and social psychology*, 54(5), 768.

15 〈肉毒素，對青少年情感表達的惡劣影響〉（보톡스, 청소년 감정 표현에 악영향），《聯合新聞》，2014年9月15日。https://www.yna.co.kr/view/MYH20140915016600038

16 Neal, D.T., & Chartrand, T. L. (2011). Embodied emotion perception: amplifying and dampening facial feedback modulates emotion perception accuracy. *Social Psychological and Personality Science*, 2(6), 673-678.

17 Finzi, E., & Wasserman, E. (2006). Treatment of depression with botulinum toxin A: a case series. *Dermatologic Surgery*, 32(5), 645-650.

18 Pasley, B. N., David, S. V., Mesgarani, N., Flinker, A., Shamma, S. A., Crone, N. E., ... & Chang, E, F. (2012). Reconstructing speech from human auditory cortex. *PLoS biology*, 10(1), e1001251.

19 "Indendix EEG lets you type with your brain", Cnet, Mar 9, 2010; https://www.cnet.com/news/indendix-eeg-lets-you-type-with-your-brain/

20 "Monkey's Thoughts Propel Robot, a Step That May Help Humans", New York Times, Jan. 15, 2008 ; https://www.nytimes.com/2008/01/15/science/15robo.html

21 "Researcher controls colleague's motions in 1st human brain-to-brain interface", UW News, Aug. 27, 2013; https://www.washington.edu/news/2013/08/27/researcher-controls-colleagues-motions-in-1st-human-brain-to-brain-interface/

22 Naver 知識百科：https://terms.naver.com/entry.nhn?docid=1228311
23 〈風力發電加上「鯊魚皮鱗片」效果驚人〉（풍력 발전에 '상어 비늘' 붙였더니 효율이 확），《東亞科學》，2013年12月 25日。http://dongascience.donga.com/news/view/3328
24 〈女性科學家們，為何帶頭成立合作組織〉（여성 과학자들, 왜 협동조합 설립에 나섰을까?），《OhMyNews》，2018年10月19日。http://omn.kr/1b2n1
25 〈百分之百可再生能源時代，趕不上開發中國家的韓國目標值〉（100% 재생에너지 시대, 개발도상국에도 못미치는 한국 목표치），《GreenPostKorea》，2017年9月22日。http://www.greenpostkorea.co.kr/news/articleView.html?idxno=80707
26 〈第二、第三個「AlphaGo」出現了……從圍棋走向社會所有領域的「通用AI」倒數計時〉（제2, 제3 '알파고' 나온다…바둑↓사회 전분야 '범용 AI' 초읽기），《Money Today》，2017年5月28日。http://news.mt.co.kr/mtview.php?no=2017052814041697856
27 〈分析師在緊張個什麼勁？〉（애널리스트가 벌벌 떠는 이유?），《韓國經濟》，2015年7月16日。https://www.hankyung.com/it/article/201507161040C
28 《AI2045 日経プレミアシリーズ》，日本經濟新聞社,，2018。
29 （訪問稿）金容沃 《李世乭與AlphaGo的對決是「實驗」……非圍棋》（이세돌 알파고 대결은 '실험'... 바둑 아니다），JTBC，2016年3月15日。http://news.jtbc.joins.com/article/article.aspx?news_id =NB11193335
30 加來道雄，*The Future of Mind*，2014。
31 Guru Madhavan, *Applied Minds: How Engineers Think*, 2015.
32 Carl Sagan, *The Dragons of Eden*, 1986.
33 Stephen Jay Gould, *Full house*, 2011.
34 Hong, Seong-Uk（홍성욱 외）等四人，《從科學的角度思考》（과학으로 생각한다），東亞出版社，2006。
35 Gerd Gigerenzer, *Calculated Risks*, 2002.
36 "Dow Corning OKs $3.2-Billion Payout on Breast Implants", LA Times, Jul. 9. 1998；https://www.latimes.com/archives/la-xpm-1998-jul-09-mn-2215-story.html
37 Lee, Ji-Yeong（이지영 외）等三人（2005），〈透過比較線粒體ND1/tRNA遺傳因子序列，調查國內棲息牛蛙的多樣性遺傳〉（미토콘드리아 ND1/ERNA 유전자 서열 비교를 통한 국내 서식 황소개구리의 유전적 다양성 조사），《韓國生態學會誌》 Vol.28 No.6, p 375-382。
38 Fisher, D. O., Double, M. C., Blomberg, S. P., Jennions, M. D., & Cockburn, A.

(2006). Post-mating sexual selection increases lifetime fitness of polyandrous females in the wild. *Nature*, 444(7115), 89.

39 Malamud B. D., Morein, G., & Turcotte, D. L. (1998). Forest fires : an example of self-organized critical behavior, *Science*, 281(5384), 1840-1842.

40 維基百科：https://en.wikipedia.org/wiki/Yellowstone_fires_of_1988

41 Hafele, J. C., & Keating, R. E. (1972). Around-the-world atomic clocks : predicted relativistic time gains. *Science*, 177(4044), 166-168.

爲什麼優秀的人都有科學腦？

從邏輯思辨到自我成長，
55種教你突破盲點的科學基本功

빌 게이츠는 왜 과학책을 읽을까

作　　者　劉廷植（유정식）
譯　　者　游芯歆
社　　長　陳蕙慧
責任編輯　翁淑靜
校　　對　許碧純
封面設計　江孟達工作室
內頁排版　洪素貞
行銷企劃　陳雅雯、尹子麟、余一霞

讀書共和國集團社長　郭重興
發行人暨出版總監　曾大福
出　　版　木馬文化事業股份有限公司
發　　行　遠足文化事業股份有限公司
231新北市新店區民權路108-4號8樓
電　　話　（02）22181417
傳　　真　（02）86671065
電子信箱　service@bookrep.com.tw
郵撥帳號　19588272木馬文化事業股份有限公司
客服專線　0800-221-029
法律顧問　華洋國際專利商標事務所 蘇文生律師
印　　刷　呈靖彩藝有限公司
初　　版　2021年4月
初版二刷　2021年6月

定　　價　360元
I S B N　978-986-359-883-1

為什麼優秀的人都有科學腦？: 從邏輯思辨到自我成長,55 種教你突破盲點的科學基本功 / 劉廷植著; 游芯歆譯. -- 初版. -- 新北市 : 木馬文化事業股份有限公司出版 : 遠足文化事業股份有限公司發行, 2021.04
面；　公分
譯自：
ISBN 978-986-359-883-1(平裝)

1. 自我實現 2. 生活指導 3. 成功法

177.2　　110003506